はじめに

初めまして。「ひっそり暮らし」というブログを運営している「なち」と申します。物事が長続きしない性格で、18歳で社会人となってから転職も引っ越しも3回以上経験しました。続かないだけでなく先を読む力もなかったため、目先の収入のためにアルバイトを3つ掛け持ちして、深夜まで働き詰めだったこともあります。現在は、学生の頃から興味があった住宅の会社に落ち着きました。

18歳で念願の一人暮らしを始めてからは、欲しい物をどんどん買い集めました。10帖の1Kに、ソファ、ベッド、カウンターテーブル、キッチンワゴン。洋服も靴も収納に入り切らないほどあり、気に入った物は色違いもすべて買いました。

料理の経験が全くないのに、オーブンレンジ、フードプロセッサー、ハンドミキサー、大きなサラダスピナーも買いました。1Kの狭いキッチンは、食材ではなく道具で溢れていました。

部屋が散らかり始めると、収納ケースや掃除道具などの便利グッズを買いました。どれも買ったら終わりで、気がつけば部屋の隅で埃をかぶっていました。

猫を飼い始めても片付けが苦手なことは変わりません。事故の起きないよう、とにかく収納の中に押し込める日々。手当たり次第にその場しのぎの片付けを繰り返すため、大切な物をどこに入れたか思い出せず、毎日のように何かを探していました。あれがないこれがない、ここに入れたと思っても、それは何日も前の古い記憶だったり。物の住所という発想は1ミリもありませんでした。

こんなにもたくさんの物が手に入ったのに、私の暮らしは何故これほどまでに停滞し、どうして毎日不安に押しつぶされそうなのか。便利な道具に頼ってもうまくいかない自分の不出来に下を向くことしかできませんでした。

しかし年に1回ほど奮起する瞬間があります。何層にも積み重なり、複雑に絡《から》み合った物の山。それらを1つずつ解くよりも、全て捨ててゼロからやり直したほうが簡単だと、そうやって何度もリセットを繰り返しました。買っては捨て、捨てては買う。そんな不経済な活動の結果、クレジットカードのリボ払いは膨《ふく》れ上がっていきましたが、そのループからの脱出方法が分からず、見て見ぬ振りを何年も続けました。

東日本大震災が1つの転機でした。一瞬にして全てを奪っていった大災害を見て、**自分にとって大切なものを見極めておかなければ、と考え始めたきっかけです。**

そんな折、スーツケース1つで生活するというワードを目にしました。仕事や留学で飛び回っている人たちは、ホテルに備え付けの設備に加え、スーツケース1つ分の私物だけで生活が成り立っています。それなら私の普段の生活に必要な物量も、それと同等なのではないかと――。

すぐに機内持ち込みサイズの小さなスーツケースを買い、今まさに災害がおきて家を飛び出す瞬間だと想定して、大切な物だけを詰めました。入れた物は、印鑑などの貴重品と、大切な写真が入ったＨＤＤとノートパソコン、飼い猫のフォトブック、最後に少数の衛生用品。

――これまでの生活は何だったのかと脱力するほど、スーツケースはスキマだらけでした。

それからは「シンプルライフ」「持たない暮らし」「ミニマリスト」「断捨離」と様々な近似ワードでＷＥＢ検索を繰り返し、数え切れないほどのブログや体験記を読み漁《あさ》りました。そこには物を手放して本当の自分を取り戻した、たくさんの先人たち。

　これまでの消費活動を改めるべく、買うときも捨てるときも熟考して、一時の感情で物を手に取らないようになりました。**自分が心から求めるものだけを持ち、快適に暮らす。**ようやく私も先人たちの仲間入りができた気がします。

　暮らしが楽になるとフットワークが軽くなり、他の悩みも解消したいと動き出します。**それは主に家計管理と住宅に関する不安でした。**家事に追われて蔑《ないがし》ろだった家計簿が続けられるようになり、いかにお金を無駄にしてきたかを思い知りました。買うものが減ったので当然手元に残るお金が増え、終わりが見えなかったリボ残高も完済できました。

　月々の家計が安定しても将来のことは不透明なままでした。保険、税金、年金、介護。どうすれば正しい知識を得られるか考えた末に、ファイナンシャルプランナー2級の資格を取りました。仕事にするつもりはなく、**自分の人生設計のために受験。**そしてＦＰの勉強でお金に関する基礎知識を身につけると同時に、それが自ら進んで行動しなければ手に入らない情報であることにも驚きました。

今住んでいる自宅は、リノベーションされた中古マンションです。20代のうちに住宅ローンを利用して買いました。賃貸を離れた理由は大きく2つ。一つは隣人など入居者の問題、一つは入居審査の問題です。中古を選んだ理由は、値崩れや売却損など金額に関する部分。第2章で詳しくお話しします。

過剰な物の供給から離れて、将来や住宅の不安を取り除いた結果、靄《もや》がかかって見えなかった望みや生きがいが浮かび上がり、人間らしく生きられるようになりました。

大きなものは生み出せなくても、誰かにもたれかかることなく自分ひとりの足で立ち、ひっそり生きる。そんな生き方について書いたブログがこうして本になりました。この本を通じて誰かの暮らしが楽になれば本望です。

ひっそり暮らし　目次

3 小さな食事の楽しみ方

4 小さな暮らしと家事

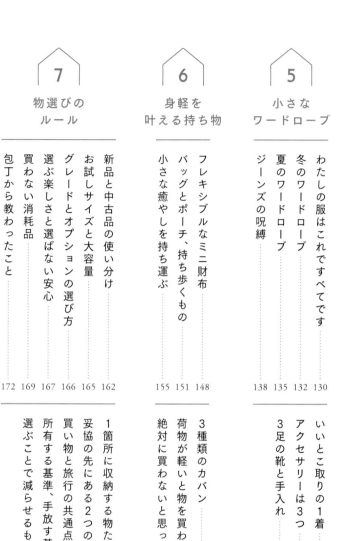

5 小さなワードローブ

6 身軽を叶える持ち物

7 物選びのルール

8 引き算の美容

9 減らす、やめる

10 防災は日常の中に

1

私の小さな家計管理

自分サイズの家計簿

3日坊主な私。様々なタイプの家計簿に手を出してきました。レシートを貼るだけ、エクセル表、封筒仕分け、雑誌の付録、支払いをカードのみにして、明細を家計簿代わりに――。どれも続かなかった私は、20歳にして貯蓄0円の貧乏生活でした。

家計簿が続かない理由の一つが、毎月の出費が不規則なこと。例えば、

- ヘアカットは毎月
- ヘアカラーは2ヶ月に1度
- 半年ごとにスペシャルなトリートメント

すると家計簿は、

- ある月はカット代5千円
- ある月はカットとカラーで1万5千円

・またある月はカットとトリートメントで1万円と、支出にバラつきが出ます。

月によってデコボコな支出、予算オーバーの家計簿がソワソワと落ち着かない。かといって特別費を設けると、どんぶり勘定になって痛い目を見る気がして悩んでいました。節約できているのか？　できていないのか？　一目ではわからない家計簿を見る度に小さな不満とストレスが溜まり、結局放り出してしまう日々が続いていました。

そこで取り組み始めたのが、多くの方が当たり前にやっているであろう、「積立て貯蓄」です。一般的には十万円単位のまとまった支払いに対して毎月少しづつ貯めるものですが、私の場合は金額の大小にかかわらず、「2ヶ月以上の間隔で定期的に発生する」支払いを全て対象にしました。

月によってバラつきのある支出を家計簿から除外することで、毎月の収支がすっきり安定するように。ひと目で達成度が分かり、管理しやすくなりました。**そして管理できていることで自信と楽しさが生まれ、続けられています。**

生活の基盤を作る〝積立て〟

毎月の家計簿が管理しやすくなるように取り入れた積立て貯蓄。その内訳は**全24項目・約3万円**となっています。この積立ては管理の明快化以外にも3つの目的があります。

①生活水準を把握する
②年単位の支出やまとまった出費に慌てない
③自由に使えるお金を明確化する

美容院や歯科検診など、自分にとって最低限の身だしなみに気持ちよくお金を使うため、やりくりや節約の対象とならないよう毎月決められた額を積立てて費用を確保しています。また自分の生活に必要なお金を先々まで考えて、アクシデント以外の急な出費を作り出さないことも重要視しています。

お金の管理で肝心なのは毎月の出費よりも、陰に隠れた長期的な支出にあります。1年

〜数年先の支出も踏まえて自分の暮らしに最低限必要な金額を把握することができれば、自由に使える金額もクリアになってきます。

積立てている項目は住宅、生活、車、ペットと様々。具体的に項目をご紹介します。

支払いの期日がある支出

住宅火災保険、地震保険、固定資産税。自動車税、車検費用、運転免許証や資格の更新費用などがあります。資格の更新手数料が5年おきに4万円ほど。急に4万円を捻出するとなれば焦りますが、毎月千円弱をコツコツ貯めていれば負担に感じません。逆に、毎月千円を支払うほどその資格に価値があるのか？　と、ライフステージに合わなくなった出費に、いち早く気付いて対処することができます。

2ヶ月以上の間隔で発生する支出

歯科検診、ヘアカット・トリートメント、縮毛矯正、コンタクトレンズ、眼鏡の買い替え、家具・家電の買い替え、住宅のリフォームや修繕、スマートフォンの買い替え、防災備蓄、衣服・インナー、自動車のオイル・タイヤ・バッテリー等の交換、自動車の修理・買い替え、ペットの衛生用品、記念日のプレゼント費用など。

旅行好きなら飛行機代や宿泊費用、音楽好きならライブのチケット代などを入れてもいいと思います。あくまで「自分の生活」で譲れない出費を積立てることが活用のコツ。

私の場合はくせ毛の手入れが大変なため、年2回の縮毛矯正。視力が低いため、眼鏡の度数は数年おきに調整。下着類は体型や体調に合わせてこまめに入れ替えたい。歯科検診は毎年必ず利用したい等の理由です。

無理のない予算を決めて、その中で生活する。一度基盤を作り込んでおけば、**日々節約を意識する必要はなくなります。**

続けられる家計簿の管理方法

管理方法の図解が次頁です。家計管理に使用しているツールは3つ。

ツール1　家計簿アプリ

家計簿アプリの「Zaim」を利用しています。レシートをスマホカメラで撮影するだけで、金額や商品名が自動登録され、手間がかかりません。

ツール2　ポケットファイル

アプリに登録し終わったレシートはポケットファイルで月ごとに分けて保管しています。コンビニのレシート、税金の領収書、WEB通販の納品書、光熱費の通知書など、内容による分類は一切せず、ただ保管するのみ。アプリの自動認識に間違いがあった場合

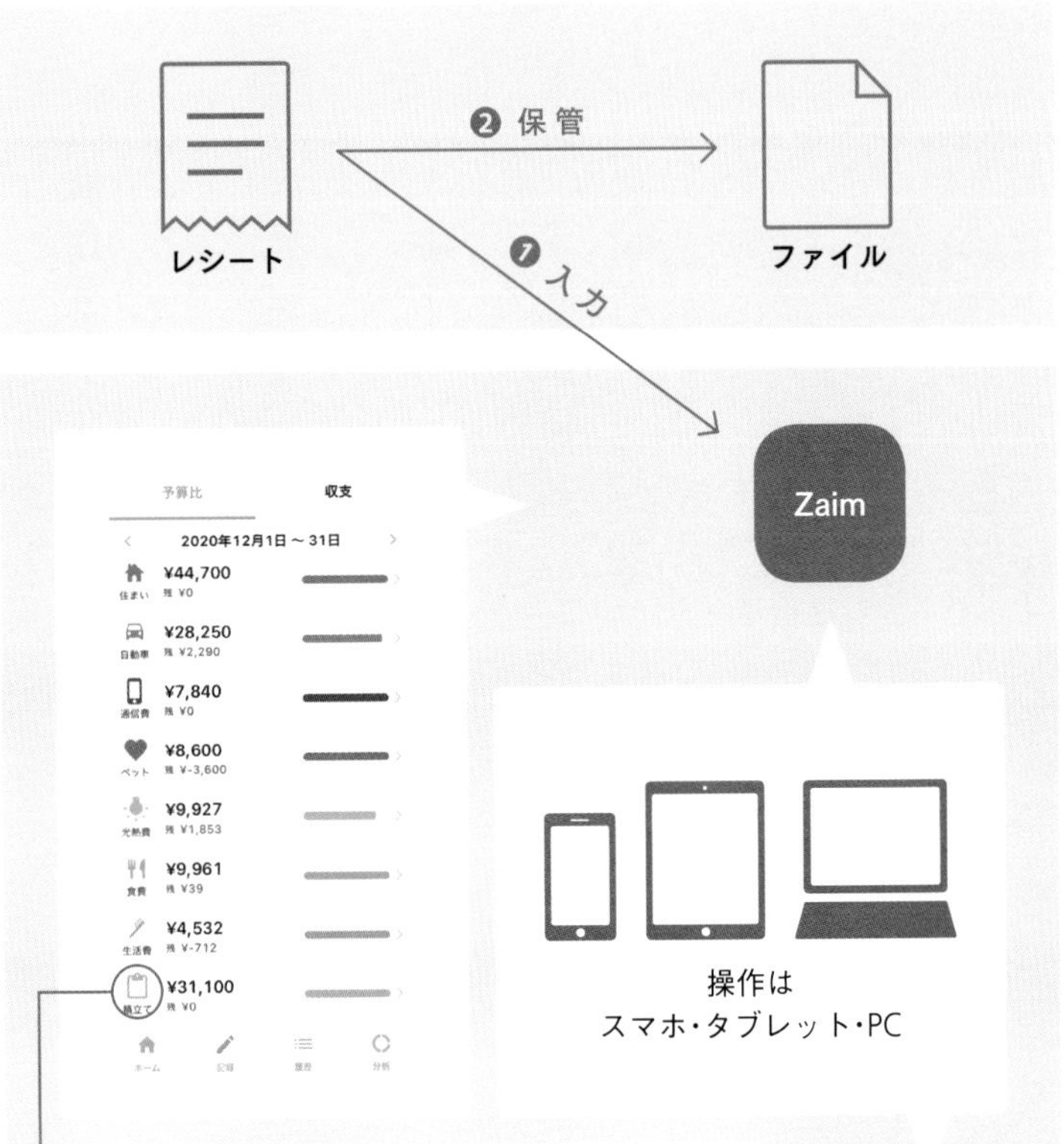

→積立ての内訳と残高管理

用途	必要額	1カ月分	当月累計
火災保険	10万円	1万円	5万円
車検	8万円	3千円	9千円
家電	3万円	1千円	1万1千円
資格更新	1.5万円	2千円	8千円
あるべき合計残高			7万8千円

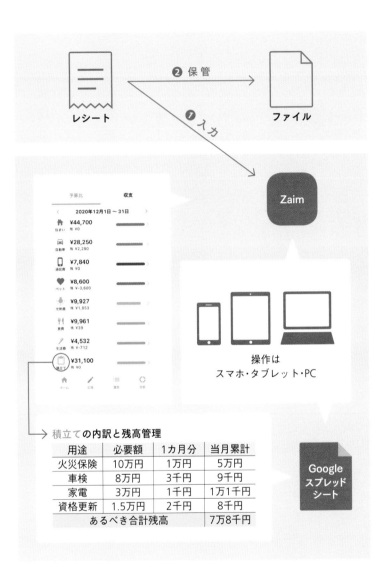

積立ての内訳と残高管理

用途	必要額	1カ月分	当月累計
火災保険	10万円	1万円	5万円
車検	8万円	3千円	9千円
家電	3万円	1千円	1万1千円
資格更新	1.5万円	2千円	8千円
あるべき合計残高			7万8千円

月額×積み立てた月数
例：1千円×11ヶ月目＝1万1千円

最終的に必要な金額

必要額÷期限までの月数
例：3万円÷30ヶ月＝1千円

期限が来たら（積立て金を使用したら）
累計を0円に戻して再スタート

Google スプレッドシート

表計算にはGoogleスプレッドシートを使用。

など年に数回見直す程度なため、細かいルールは設けていません。

ツール3 表計算ソフト

積立ての内訳と残高管理に表計算ソフトを利用しています。

先ほどの画像の「家電」で解説します。

- 家電の購入予定日（30ヶ月後）に3万円必要な設定で、毎月千円を積立て。11ヶ月目の今は1万1千円溜まったところ。
- 予定日（30ヶ月後）が来たら貯まった3万円で家電を購入し、家電の累計を0に戻す。
- そしてまた毎月残高が増えて、という繰り返し。「1ヶ月分」の縦合計が毎月積み立てる金額となります。

この管理表は一度完成させてしまえば、月に1回累計金額を更新するだけ。ここに載っている項目は日々切り詰めて費用を捻出しなくてもよくなります。税金や記念日のプレゼントなど出費イベントが発生するたびに冷や汗をかかないために、この管理方法に落ち着きました。

ポイントは自分が理想とする生活水準にどれだけの費用が必要なのか、趣味や遊びに自由に使えるお金はどれだけ残るのか。一度洗い出してみると、見直すべきところや貯蓄に回せる額がはっきりします。

各カテゴリーの内訳

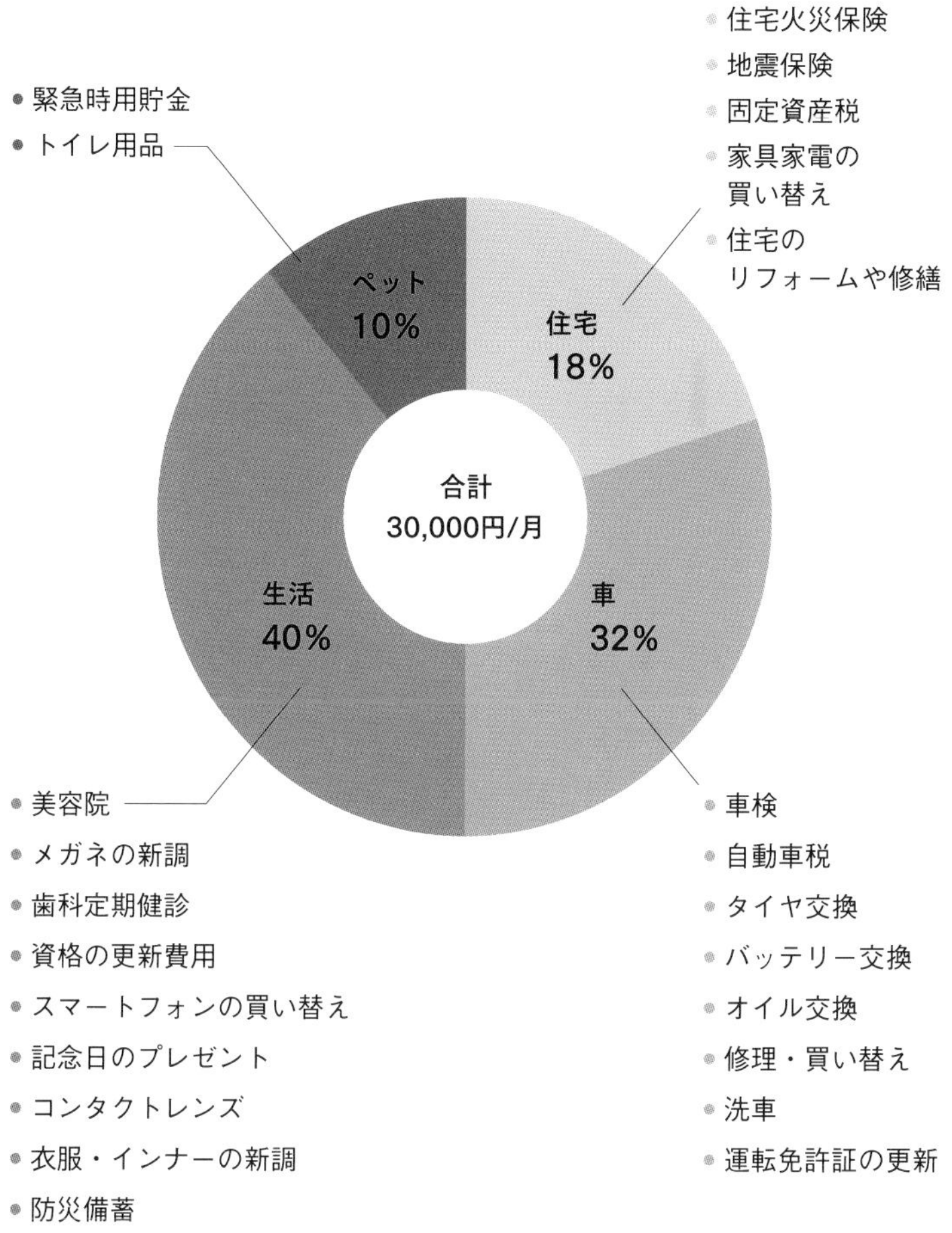

緊急時用貯金
トイレ用品
ペット
10%
住宅火災保険
地震保険
固定資産税
家具家電の
買い替え
住宅の
リフォームや修繕
住宅
18%
合計
30,000円/月
生活
40%
車
32%
美容院
メガネの新調
歯科定期健診
資格の更新費用
スマートフォンの買い替え
記念日のプレゼント
コンタクトレンズ
衣服・インナーの新調
防災備蓄
車検
自動車税
タイヤ交換
バッテリー交換
オイル交換
修理・買い替え
洗車
運転免許証の更新

1ヶ月14万円で暮らす

1ヶ月の平均的な家計予算は前述の「積立て」も含めて約14万円です。必要な貯蓄額や実生活における優先順位を考えながら実情に即して組み立てた金額のため、この予算にどうにか収めなくてはという気負いはありません。

他人の目や思い込みによって発生していた支出を取り除くことで、**大切な部分を無理に切り詰めることはなく、快適で不安のない一人暮らしが叶《かな》いつつあります。**

それぞれの予算内訳は以下の通り。毎月支払う費用は①〜⑦までの各カテゴリーに、隔月以上の間隔で支払う費用が⑧「積立て」です。

①住まい　4万5千円

20代で中古マンションを購入しました。その住宅ローンの返済と、管理費・修繕積立金の合計額です。賃貸ではないため不動産の所有やメンテナンスに関わる費用も発生しますが、計画的に積立てています。

②自動車　3万円

駐車場賃料、ガソリン代、任意保険料等が含まれます。今はすべてマイカー移動なので交通費は基本的にガソリン代のみ。年に数回のオイル交換や、そのほか維持管理に必要な費用は⑧積立てより支出します。

③通信費　8千円

マンションの固定回線と、スマートフォンのＳＩＭ料金です。10分まで通話料無料なため毎月の料金はほぼ変動しません。通信容量は2ＧＢの契約ですが、自宅にWi-Fiがあるので容量不足になったこともありません。

④ペット　5千円

猫と熱帯魚がいます。この項目はそれぞれの食事や雑貨類などの予算。トイレ用のシート等の長期保存しても問題ないものは、⑧積立てからまとめ買いしています。

⑤光熱費　1万円

電気、ガス、水道料金の合計です。ガスは給湯とコンロで利用しています。空調類はすべて電気製品。

1万円という予算は年間を通しての平均値です。実際は季節によって差が大きいため、過去の使用料を元に毎月の予算を組み直しています。

1年の合計が12万円になるように、12月・1月が最も高く1万4千円、一番低い月は6月の6千5百円と細かく設定して、使いすぎに気をつけています。

⑥食費　1万円
食事の大半は自炊で、外食はほとんどしません。友人との会食は自宅で持ち寄りが基本です。私は飼い猫を愛《め》でてもらえたら嬉しいし、友人も猫で癒やされたいと言ってくれるのでWIN-WIN。待ち合わせ等で使った飲食代は雑費扱いで次項の⑦へ計上しています。

⑦生活費（雑費）　4千円
日用品や消耗品など細々とした買い物の予算です。洗剤やシャンプーなど大容量品を買った場合は、使い切る月数で割った金額のみ家計簿に反映させます。

趣味や娯楽の費用も含みます。ネイルやコスメ、本、インテリア小物などを買うことがあればこちらに計上。医療費もこちらに含みます。⑧積立てにある歯科の定期検診以外の突発的な治療はこちらに該当します。

⑧積立て　3万円

隔月や数ヶ月毎に出費があるものはすべて積立て管理しています。

以上が毎月の予算で、貯蓄はこの14万円以外に確保しています。「月収－生活費14万円＝貯蓄」。**この家計管理で4年連続100万円を達成できました。**

「今月はAの予算が余りそうだからBにまわそう」という月々のやりくりが好きな方には向かない、きっちり家計簿です。どちらが正解ということはありませんが、私は細かな部分も含めて全てが予算内に収まる家計簿が安心できます。

これだけ細かく予算を立てて、さぞ几帳面な性格だと思われるかもしれませんが、モノグサを極めて妙な几帳面にたどり着きました。大雑把でも帳尻が合う仕組みさえ作っておけば、その先はずっと楽ができます。

貯蓄の目標と1人分の老後資金

年間の貯蓄目標は、50万円と100万円の2段階です。

第1目標は老後資金

私が用意する老後資金（1人分）を1500万円に決めました。60歳での離職を想定して、年金を受給する65歳までの生活費が月あたり15万円で合計900万円。65歳以降の年金受給予定額が月あたり14万円で、シミュレーションの結果毎月2万円ほどの赤字になりそうです。そのため毎月2万円を90歳まで（300ヶ月）として600万円。合わせて1500万円となりました。30歳から始めて60歳までに貯めるには、毎年50万円で達成できます。増減するボーナスに頼らず毎月4万2千円を淡々と貯める、これが第一目標。

65歳まで働くことができればかなり余裕が生まれることや、60歳から年金を繰り下げ受給することも考えつつ。給与が変われば年金の受給額も変わるので、5年から10年おきに見直しを行います。

一番悩むのが、年金受給生活になった際どれくらい生活費が不足するのかというところ。住民税、健康保険料、介護保険料、医療費、交通費。税金や社会保険料は計算方法がありますが、高齢者の医療費がどれほどかは未知の世界でした。そこで国が公開している各種統計を見ながら、平均値を目安に自分の生活環境に落とし込んで、シミュレーションしました。

納得できる数字にたどり着くまで1ヶ月ほど。FPとしての知識があるため抵抗感は薄かったものの、まったくの無知だったら途中で投げ出していたと思います。

第2目標と貯める意味

老後資金50万円とは別に、さらに50万円を目標にしています。こちらの50万円は翌年に使いみちを決めることにしています。欲しい物を買ってもいいし、住宅のリフォームのためにとっておくのも良し。ずっと手付かずでいる運用に回すことも考えています。

先の通り老後資金はしっかり確保しているので損益に一喜一憂せずに済み、損失が出てしまっても勉強代として諦めがつきます。今一番有力なのは、2匹目の猫の里親になるための資金。

自由に使うのならわざわざ1年かけて貯めなくても都度使えばいいのですが、私なりに理由があります。それは「手元に余っているお金」と「1年かけて積み上げたお金」では使うときの心構えが違うこと。

断捨離や片付けで何度もぶつかった壁があります。苦労して手に入れた物は、手放す決断を下すまでとても時間がかかりました。裏を返せば、手に入れるまでの努力やストーリーをプラスすれば処理に慎重になれるということでもあります。

じっくりと1年かけて貯めたお金なら吟味して使いたくなるはず、という気の持ちよう。

病は気から、お金も気から。

幼い頃から収集が好きでした。気に入ったものは何でも集めなければ気がすまなかった私ですが、いつしか物に対する執着から卒業し、今はお金の分野でその性格を発揮しています。辛く苦しい節約生活ではなく、どうすれば手に入るだろう？　とゲーム感覚でお金をコレクションしていく気持ち。集めること・達成することを楽しんでいると、散財したい気持ちとも冷静に向き合えるようになりました。

生活に必要な物はそれほど多くないと知ってからは、焦らず気長に貯蓄できるようになりました。片付けも貯金も、工夫ではなく「知る」が必要だと感じています。

一人暮らしの保険と貯蓄

現在、お金の保有場所は銀行のみです。保険契約も投資もしていません。お金を増やすアクションで唯一取り組んでいるのは定期預金。まとまった額の貯蓄を手にしたときには超低金利時代で、定期といっても金利は1％未満。それでもノーリスクという最大のメリットから積極的に利用しています。

医療保険や生命保険は加入していません。保険金を残す相手がいないことから、私の場合は生命保険は不要としました。医療保険に関しては、高額医療費制度を知ってから加入を見送っています。この制度についてはファイナンシャルプランナー資格取得の際に詳しく知りました。入院などで医療費が高額になった場合でも、所得額に応じて支払額の上限が定められています。2ヶ月入院したとしても、私の所得であれば合計12万円ほど。これを超える医療費は払い戻しを受けられます。この制度の対象とならない差額ベッド代も加味して30万円ほどの現金が手元にあれば足りると考えて、医療保険の検討は取りやめました。

かつて貯金0円どころかリボ払いの返済に苦しんだ程金融リテラシーのなかった私にとって、ファイナンシャルプランナーの資格取得は大きなターニングポイントでした。

社会に出てお給料をもらえば、だれにでも税金や保険、年金が付いてまわります。細かな数値や処理は会社任せで済んでしまいますが、給料明細から引かれている様々なお金のこと、気になりませんか？　少ないお給料でやりくりしている私は、とても気になっていました。

会社を辞めたら払わなくて良くなる？　個人で払うとしたら金額は変わる？　そもそも何の対価として払っているの？

分からないことを1つ1つ調べていくうちに、これらの情報のプロフェッショナルがいることを知りました。それがファイナンシャルプランナーです。FPの資格を取るために身につけた知識は、私にとってかけがえのない財産となりました。**自分自身の経済状況を分析できるようになり、漠然とした不安も薄れてきて。先々の不安がいっぱいで挑戦できなかったことにも、この知識を武器に飛び込めるような気がします。**

保険も運用も莫大な利益や過度な不安を手放して、自分にちょうどよいものを選んでいます。

お金を使うこと、使わないこと

自分に正直でいられることにお金をかけます。たとえば好きと思えること。私の場合は猫・動物・カメラ。逆に言えば、背伸びをしなければならない窮屈なことにはお金をかけません。高級ブランド品、人気観光スポット、流行《はや》りのファッションやスイーツ、思い入れのないイベントごと。人からの評価を気にしたり身の丈以上に見栄を張ること＝浪費をやめました。今まで無駄にしていたお金を自分の好きなことに思い切り注ぎ込めるようになり、低所得ながら猫と楽しく暮らしています。他人に合わせたり高い評価を得ることよりも、自分が楽しめること・愛せることを生活の中心に。

趣味の1つであるカメラや写真は、**数・サイズ・金額どれも制限していません。**猫を撮るためのカメラが2つと、水槽内の熱帯魚を撮るためのカメラが1つ。データ保管用のHDDが2つ、フォトブックもたくさん作りました。写真を撮ったり眺めたりする時間は私にとって幸せな時間です。

幸せを感じることには節約を意識しません。

おいしいケーキを食べるとき、カロリーやそれを消費するためのトレーニングプランを考えたらせっかくのおいしさも台無しです。楽しい・嬉しい・幸せを感じることには財布のひもを緩めて目いっぱい堪能しています。

愛用のカメラ（上段）とフォトブック（下段）

セールで失敗しない買い方

タイムセールや見切り品、割引品。お得感にのせられて手を出したものの、結局活用せず捨ててしまった経験。私は数え切れないほどあります。そんな失敗ばかりしてきた私ですが、ここ数年は散財が減っています。理由は支払い前のたった1つの心がけ。

割引やポイントがない時でも買う？　と自分自身に問いかける、それだけです。

「安いから買おう」は根本が間違いでした。安いからといってゴミは買いません。買った物をろくに使わず捨てるということは、結果的にゴミを買っている・お金を捨てているのと同じ。以前の私はお得に買えるからと、セールのたびに手当たり次第買っていました。

5千円のホールケーキをセール価格3千円で購入。全部食べたなら差額2千円分お得です。でも、もし口に合わず1切れしか食べなかったら——ケーキ一切れが3千円。とてもお得とは言えません。

食べ物などの消費する物は短時間でその価格分の価値を回収できますが、衣類・家具・ツール等の目に見える消費がない物（耐久消費財）は支払った価格に見合った価値を得られたのか、すぐに判断することができません。

さらに壊れるまで相当な期間を必要とする物の場合、不要だと気づいてもまだ使える・いつか代金の元を取るという気持ちが芽生えて捨てられない側面も持ち合わせています。「お得だから買った」は「損をしたくない」に進化して、必要な出費だという既成事実を無理やり作ることで自分を納得させようとするのです。でも実際には、使わずに捨てても使ってから捨てても、失ったお金は同じ。

定価でも買いたい？ 支払い前に問いかけることができれば、損得に左右されないシンプルライフへ少しずつ近付きます。

数を減らせば本物に手が届く

バリエーションを求めて選んだチープなファストファッションの数々。塵《ちり》も積もれば山となり、それぞれは安くても結局はまとまった金額になっています。ボリュームばかり求めた安物買いをやめれば、その総額で1点集中の買い物ができるはず。数を減らす、たったそれだけで苦しい節約や大変な労働をすることなく、上質な物に手が届くようになります。良い物が手に入ると買い足しや買い替えの頻度も下がります。これは節約効果以外にもメリットがあります。1つの物を長く使えば、使用方法やメンテナンスの知識も入れ替える必要がなく、新しい洋服を買う度に洗濯表示と向き合うあの煩《わずら》わしさも軽減されます。

この考え方は時間にも共通します。やりたくない作業をダラダラと細切れに行うよりも、腹をくくって一気に取り組めば集中力が高まって効率よく進み精度もアップ、またミスが発生しても残りの時間でリカバリーすることができます。目先の楽を選ぶ安物買いのような時間の使い方を改めれば、実のある時間が手に入ります。

それでも買いたくなった時は

時には衝動的に欲しくなる物があります。そんな時、その物の品質や金額にどれだけ目を光らせても、良い選択はできませんでした。考えるべきは、**それと同じ金額の「好きなもの」**。

たとえば一目惚れした1万円のワンピース。それが自分にとって必要な物かを判断するために、同じ値段の好きなものと比べるようにしています。

旅が好きなら、行ってみたかった温泉施設の日帰りプラン1万円。
音楽好きなら、好きなアーティストのライブチケット1万円。
グルメなら、気になっていたお店のディナーコース1万円。
私のように猫が好きなら、猫のおもちゃやオヤツ1万円分。

同じ金額で買いたいのはどれ？　と考えるうちに、一目惚れのワンピースのことはすっかり忘れてしまいます。

私が目にする多くの製品は高品質で、欲しい物が安く手に入る時代です。だから値段と品質の良し悪しで品定めをすると、どれも買いたくなってしまいます。購入を検討する際は、**それが自分の人生にどれだけ恵みをもたらしてくれるかという点を考えること。**好きや大切を単位にした自分のモノサシを持ち歩くようになって、無駄な支出は減ってゆきました。

2

小さな住まいと収納

私の住まいはリノベマンション

一人暮らしの住居の選択肢といえば、賃貸マンション。私が最初に選んだのも6帖1Kの賃貸マンションでした。リセット癖のあった私は思いつきで何度も引っ越しをしましたが、4度目にして今の部屋に定住を決めました。**当時まだ独身の20代だった私が持ち家に選んだのは、リノベーションマンションです。**

リノベーションとリフォームは少し異なります。リフォームは、主に壊れたり老朽化した設備を新品に取り替える工事を指します。一方リノベーションは、新築当時以上の機能を備えたり、その物件に付加価値を与えるような工事を指すそうです。

私が購入した物件は、マンションの1室を空っぽにして再構築するリノベーション（スケルトン・リフォーム）が施《ほどこ》されていました。

新築時は2DKだったこの部屋。現代のライフスタイルに合わせて、豊富な収納と広々としたLDKを組み合わせた「1LDK」に生まれ変わっていました。

マンションの躯体《くたい》だけが残された何もない空間から作り上げられた室内は、キッチンなどの設備はもちろん、フローリングや壁自体も新設されたものです。つまり、リフォームと違ってすべてが新品・最新設備。一歩部屋に入れば新築と変わりない高品質であることがリノベーションの利点です。

リノベマンションは中古マンションでもあります。新築時に購入した住民が、引っ越しや相続で手放した物件。「フラット35」という住宅ローン商品からも分かる通り、多くの人が35年間での返済を計画します。ローンを完済する築後35年が経過したマンションの査定価格は、新築時の約30%が平均。一戸建てに関してはゼロから10%前後です[*注]。

中古マンションが新築時の50%程度の価格で市場に出始めるのは築後25年を過ぎた頃が多く、それ以降の取引価格はゆるやかに下落しつつ横ばいです。

ハイペースに価値が失われてゆく新築マンションと、すでに底値を迎えて価格の減少がスローペースになった中古マンション。ライフスタイルの変化による売却を迫られた際、私の小さな懐《ふところ》を痛めるのがどちらかは明らかでした。とはいえ、使い古された室内空間と何十年も連れ添うことのストレスは想像に難くありません。そこで室内は新築同様であるリノベマンションに狙いを定め、今の住居に決めました。

物件選びや引っ越しにまつわる心配事はたくさんあります。初期費用、交通の便、設備の使い勝手。いろいろありますが、**私は「ご近所づきあい」が大きな不安要素でした。**

過去、賃貸マンションで約10年暮らしてきましたが、困った出来事もたくさんありました。夜中の騒音、廊下やエレベーターでのゴミのポイ捨て、共有階段やバルコニーでの喫煙——。駅から徒歩5分など都市の中心部で借りていたこともあり、マナーを守らない入居者に何度も悩まされました。

一方分譲マンションの入居者は、数千万から数百万円のお金を用意した方々。賃貸のように容易に入退去するものではないので、マナーを守って暮らしています。時には新しい買主さんが入居することもありますが、賃貸の入退去のペースの数十分の一に過ぎません。

また、中古物件の場合は入居者がどのようなマナーレベルかを購入前に知ることができます。ロビーやエレベーター内のゴミ・落書き、廊下へ置かれている私物や聞こえてくる生活音などから伺い知れます。新築の場合は他の入居者がどのような暮らしぶりか一切の予想がつかず、こんなはずでは——、という結果も否定できません。

トラブルと無縁の静かな環境で、安心して暮らせる。賃貸を脱出して良かったと強く実感した要素です。

＊「中古住宅流通、リフォーム 市場の現状」(国土交通省ＨＰより)
https://www.mlit.go.jp/common/001135252.pdf （Ｐ11：中古戸建住宅の価格査定の例）

おうち時間とおうちの税金

毎年4月にはマイホームの固定資産税を納めます。賃貸に住んでいると払うことのないお金ですが、それを加味しても私は持ち家を選びました。

ローンの返済額と管理費・修繕積立金、そしてこの固定資産税1ヶ月分も含めた総額を月々の家賃として計算して物件探しに当たりました。当初の計画通り、**住宅に関する毎月の支出は5万円以内に収まっています。**この金額は近隣の賃貸マンションの家賃相場と比較すると、およそ半額。住宅ローンを完済すれば、さらにその半分になります。

本書を執筆している2020〜2021年は新型コロナウイルスにより全世界一丸となって耐える日々が続いています。外出自粛・自宅待機となった時間を前向きに過ごすために「おうち時間」という言葉も生まれました。十分な日当たりと広さ、静かさ。閉塞感なんて微塵《みじん》もない、愛猫とのびのび過ごすおうち時間。もともとおうち大好きな私ですが、改めて家選びは成功だったと実感する機会にもなりました。

１ＬＤＫマンション、１Ｒ暮らし

私が購入した家はリノベマンション。新築時２ＤＫだった室内は１ＬＤＫに変わっており、単身者はもちろん２人暮らしでも十分な広さです。

昨年から１ＬＤＫのうち個室を使用しなくなりました。寝室としてベッドを置いていた部屋ですが、今はそのベッドをＬＤＫの一角へ移動しています。

わが家はリビングとダイニングを分けず、ダイニングセットだけで食事もくつろぎも完結しています。空いたスペースには、猫が遊び回れるプレイスペースとしてキャットタワーやおもちゃＢＯＸなどを贅沢に配置していました。

そんな場所に現在は人用のベッドを置いています。愛猫がシニア世代に入り、タワーの上よりも広いベッドでゴロゴロする時間が増えた結果、思い切って暖かな日差しが降り注ぐＬＤＫの窓際にベッド、という配置に模様替え。１ＬＤＫ物件でありながらワンルーム暮らしとなりました。

元寝室だった個室は、使われない空き部屋になりました。でももったいないと思うことはありません。

青空を望めるダブルベッドの真ん中でぼんやりくつろぐ猫を見守ったり、ブラッシングをしたり、一緒にお昼寝をしたり。

あえてひと部屋を使わない1R生活で、マンションの廊下側に面した寝室では味わえなかった至福の時間が手に入りました。

リノベ物件と不揃いな収納

リノベマンションは、限られた空間にパズルのピースをはめるように設計し直すため、収納などの寸法が一般的な規格に合わない部分が現れます。これはリノベーションに感じた唯一のデメリット。特に頭を悩ませたのは洗面所の収納庫でした。

以前は不織布の仕切りケースを可動棚に置いていましたが、扉を開けるとすべて丸見えな事が小さな不満でした。引き出しに変えようと探しても、ぴったりサイズの商品には出合えず。

そこで思い切って考え方を変えました。細かく分類しない投げ込みスタイルに転向して、蓋のないバスケットタイプのケースを3つ並べています。

この場所に収納しているのはインナー・パジャマ・ルームソックス。どれも入浴後に身につける物なので、それぞれを組み合わせた1つのセットにして入れています。種類にとらわれず1箇所にまとめているので、3つのアイテムを1回の動作で取り出すことができます。**ムダをなくした使い心地の良い収納は、どんなルールで分類するかが肝心です。**使うタイミング・使用頻度・使用場所など、物の形状や種別に縛られない置き方を探っていくと、思いがけない改善策に出合えます。細かな分別や規則正しく分けることにとらわれている場所に気がついたら、どんどん自分ルールに上書きしています。

誰でもできる極上の収納方法

長年ロングヘアを続けています。乾かすだけでツヤツヤ・サラサラ――、とはならないので、ストレート用アイロンやコテで仕上げています。

このアイロンとコテをどう収納するかが悩みの種でした。備え付けの収納棚は奥行きが足りないため横並びには置けず、書類ケースに立ててみたりフックで吊るしてみたりと試行錯誤。匙《さじ》を投げた先にあったのは、**ただ置くだけという究極の収納方法でした。**

使い終わったらケーブルを縛って置くだけ、取り出す時は掴むだけというこの上ないシンプルな収納方法。初めはケーブルを束ねる動作が面倒に感じましたが、ケースに入れるとしてもはみ出ないように手で整える、吊るすにしても床に垂れないように整える。どんな方法に変えても必ず付いてくる手間だと気づいて、置くだけ収納を受け入れました。

吊るす・重ねる・立てる・畳む・浮かせる――。たくさんの物を所有するために数多《あまた》の収納術がありますが、小手先の工夫で物を詰め込む前に一度立ち返って考えるようになり

SALONIAで揃えたヘアケア家電。

ました。それは、物は収納されるためでなく使われるためにあるということ。スペースに収める収納ではなく、**取り出しやすい収納が快適な暮らしを作り上げます。**

　蓋を開けたり隙間から引っ張り出したりしない。戻すときもフックの位置を確認したりスペースに合わせた特別な畳み方を考えたりしない。工夫が凝らされた収納方法は見えないハードルとなって暮らしを停滞させ、不要な物をどんどん抱え込みます。

　収納は置くだけを基本に。工夫を尽くした収納上手ではなく、工夫をやめた暮らし上手を目指しています。

中古マンションと窓

区切られた一室だけを購入する分譲マンション。部屋の中は全て自分の物。――と思いがちですが、多くの場合、**窓と窓枠は共用部分**とされています。

窓は屋内と屋外を隔てる重要な部分です。もし割れた窓を修理しない人がいたら、雨水や砂埃が部屋の中へ入り、換気口や配管、隣り合う壁や床に影響が出ます。雨水が室内に溜まれば、下の階へ漏水したり鉄骨などの主要な構造体をさび付かせる原因にもなりかねません。

個人の物である専有部分の補修を強制することはできませんが、共有部分であれば速《すみ》やかな補修が実現します。窓を共用部分とすることは、こういった**マンション全体の安全を確保する目的**を担《にな》っています。

管理がスムーズになる一方で、共有物であるために自由度は低くなります。古くなったマンションの窓は断熱性が低く、気密材が劣化して隙間ができていたり、建て付けも悪くなっていることが常。ただし共用部としている窓を改修するには管理組合の許可が必要

だったりと、簡単にはできません。*注

そのためキレイにリノベーションされた物件でもマンションの窓は手つかずの状態が基本。「入居後にリフォームすればいい」と窓の不具合を軽視してしまうと**住み心地を大きく損なうこともあり、注意が必要です。**

私が購入したリノベ物件も、窓の状態は完璧とは言えません。防音性・気密性・冷暖房効率を上げるため、レールにすきま用クッションを敷き詰めています。リフォーム・リノベ物件の内見では、窓のチェックも忘れずに。

＊管理規約の内容は物件により異なります。

旅気分で家に帰る

２０２０年は、新型コロナウイルスによる強制された巣ごもりでストレスを抱えた人も多いようですが、私は実感がありませんでした。なぜなら、私は毎日が旅行気分。旅行に出かけるように家に帰っているからです。私の家は、大好きなキャラクター（飼い猫）と触れ合える極上のテーマパーク。

おもちゃに飛びかかったり、宅配の来訪に驚いたり、ツーショット写真が取れたりと、毎日楽しいアトラクション体験やゲリライベントが起こります。ゆったりとＪＡＺＺが流れるバスルームと、選びぬいたお気に入りのアメニティ、広くて温かいベッドと好きな食べものが揃い、本やＷＥＢを通じて新たな景色や発見も得られます。いつ何時でも、私にとって最高のリゾート空間が広がっています。

自宅が行楽地だから、旅行や外出や遠く離れた地に対する欲求はみるみる減ってゆきました。**まるで旅行に出かけるようなワクワクした気持ちで帰宅する。**そんな発想の家づくりが、私のおうち時間を支えています。

3

小さな食事の楽しみ方

朝食の定番化

朝家事派です。ペット（猫・熱帯魚）の世話、床の掃除、洗濯、家計簿など。朝のうちに家を整えておけば、へとへとに疲れて帰っても余計なことを考えずに体を休められます。夜行性の飼い猫とのスキンシップ時間もたっぷり。そんな朝家事の時間にもっと余裕をもたせるために、シリアルのグラノーラを朝食の定番にしていました。

グラノーラは1食分をタッパーに小分けにした状態で数日分ストック。毎朝取り分けて配膳する作業も手放しました。

朝はふたを開けて、この容器のままスプーンで。フタ付き容器は飼い猫のイタズラ防止にもなって、わが家では一石二鳥です。

いろんな味のグラノーラがありますが、買うのはいつも1種類だけ。種類を増やすと「今日はどれにしようか」といった一瞬の迷いや「食べたい味がない」といったマイナスな感情が生まれることも。定番化する時は種類も1つに絞り、ミニマルな良さを最大限味わいます。

上／タッパーに入れた状態でストック。朝このまま食べる。中／９ヶ月後。容器が小さくなりました。下／4パックヨーグルトひとつと同じくらいのサイズ感です。

定番化から約9ヶ月間が経った頃、容器のサイズが当初より一回り小さくなりました。グラノーラの説明書きには1食あたり50グラムが推奨されていましたが、私は少な目の30〜40グラムくらいです。牛乳をかけずにそのまま食べるので、歯ごたえがあって少な目くらいがちょうどいい。ちょっと物足りないかも？　というボリュームで終えるのが、飽きずに続くポイントです。

毎朝同じ食べ物を用意すると、**日々のちょっとした体調変化に敏感になります。**なんとなく食欲がないという日や、喉を通らない日。定番化することで好き嫌いに左右されない体のサインに気づけるという点も、ミニマルな朝食のメリット。

朝いちで不調に気が付いたら、ビタミン剤やホットドリンクで早めの対策。朝食が大切と言われる側面にも気づかせてくれました。

朝食を楽しむシンプルなルール

グラノーラ一筋だった私の朝食。2年近く続いた習慣ですが、休みの日を中心にワンプレート朝食も取り入れるようになりました。

朝食プレートを用意するとき、無理なく続けられる習慣にするため1つだけルールを設けています。それは**加熱調理をしない**（コンロを使わない）こと。ちぎって和えるだけのミニサラダと、器に盛るだけのヨーグルト、バゲットに具材をのせるだけのオープンサンド、カットしたフルーツやチーズが定番です。ワンプレートに食材を盛り合わせた、目にも楽しい朝食をいただくと、一日の活力が湧いてくる気がします。

このコールドミールと呼ばれる食事スタイルを知るまでは、味噌汁・卵焼き・焼き魚など、良い食事には加熱が付きものだと思い込んでいました。手料理は手のこんだものであるべきだ、本に載っているレシピこそ料理だという偏見が頭のどこかにありました。

グラノーラの美味しさも変わっていませんが、手軽な栄養補給という意味合いが強いものでした。

あれから2年の時が経ち、**小さく暮らすことで家事の負担はみるみる減りました。**そして朝の時間にもゆとりが生まれたことで、朝食を楽しみたいという気持ちが浮かび上がったのかもしれません。

取り出して盛り付けるだけのコールドミールを朝食の定番にすれば、面倒なことは1つもないままに活気あふれる一日をスタートさせることができます。

2枚の器で毎日ごはん

食器の枚数を見直して、使い勝手の良い2枚に収まりました。イッタラティーマの21センチプレートと15センチボウルです。

食器が少なければ大きな収納も不要。システムキッチンの引き出しに収まるようになり、食器棚は手放しました。

イッタラティーマ　21センチプレート

左ページ上段左から、ピザトースト、鮭のムニエル、出汁巻玉子、ペンネボロネーゼ、オムライス&サラダ、カプレーゼ、豚の生姜焼き&サラダ、アスパラガスと生ハムのサラダ、フレンチトースト。21センチプレートは食パンにぴったりサイズで、大振りなアスパラガスや鮭の切り身、卵を4つ使った出汁巻き玉子も収まります。縁の高さがしっかりあるので、パスタやカレーもこの1枚で。

イッタラティーマ　15センチボウル

左ページ上段左から、きんぴらごぼう、ポテトサラダ、オクラ冷奴、鶏の煮物&玉子、肉じゃが、生野菜サラダ、シリアル&バナナ、コンソメスープ、トマトリゾット。15センチボウルは副菜から1人前のスープ・麺類・丼物まで使える万能な1枚。インスタントラーメンもちょっとおしゃれに盛り付けたくなります。

ティーマのプレートとボウル、この2枚だけで一通りの献立に対応できます。

column
1

ワンプレートひとりごはん

ティーマ21cmプレートで タルティーヌ朝食

ワンプレートの盛り付けに凝ってみました。おしゃれカフェとまではいきませんが、全体のバランスに気をつけていろいろチャレンジ中です。フルーツは5ミリ厚くらいの一口大にスライスしてトッピング用に冷凍しています。

Mozzarella cheese & tomato
1

モッツァレラチーズが安くなっていたので、トマトと一緒に。
ヨーグルトにはピンクグレープフルーツをトッピング。

2 Salty butter mushroom

作り置きの塩バターきのこを乗せたタルティーヌ。パセリと粉チーズ、黒こしょうを振ってさらに香りよく。付け合わせは塩とオリーブオイルで和えただけのミニサラダ、オレンジヨーグルト。

ベビーリーフと生ハムのオープンサンド。生ハムの塩分でパキッと目が覚める朝食プレート。サラダはトマトとモッツァレラチーズ。

3 Baby leaf & prosciutto

ゆで玉子半分でたまごサラダ。フルーツは普段ヨーグルトのトッピング程度しか出番がないのですが、安く買えた日はたっぷり。キウイはゴールドよりグリーン派です。

4 Egg salad

5 Tomato sauce

前日に作ったチキンのトマト煮から少し煮汁を取り分けて、トマトソースに。作り置きのポテトサラダとミニトマトのマリネ。ヨーグルトには冷凍したパインのスライス。

7 Avocado & prosciutto

ボリューム系のワンプレート。アボカド、ハム、ヨーグルト、ポテトサラダで脂質高めな朝食でした。ヨーグルトにはりんごのスライス。冷凍りんごはスライスだと皮が少し気になったので、小さめの角切りにして混ぜた方がおいしいかも。

たまにはフルーツサンド。キウイの下には水切りしたヨーグルトを塗りました。いつものトマト煮、サラダには蒸し鶏とトマト。

9 Kiwi & yogurt

バゲットにアボカドとサーモンを乗せ、オリーブオイルと塩、ブラックペッパーを振ったタルティーヌ。付け合わせはトマトサラダと、ベリーのせヨーグルト。

6 Avocado & salmon

8 Chicken & tomato

作り置きの蒸し鶏でオープンサンド。信号機カラーのシンプルプレート。蒸し鶏の塩気に、フレッシュトマトがソース代わり。はじめさっぱり、後から鶏の旨味が出てきて好きな組み合わせでした。

かぼちゃの煮物をアレンジしてバゲットに乗せて。付け合せはニンジンの胡麻和えとオニオンサラダ。

Pumpkin Salad
10

ブロッコリー入りたまごサラダ。マヨネーズの味が濃いので、グリーンサラダはノンドレッシング。口内調味でいただきます。

Egg salad
with broccoli 11

Boiled
12 egg salad

ゆで卵は前日の残り。手羽元の煮物の煮汁に漬けてあった味玉風。バゲットに少量のマヨネーズを塗って。卵を食べると元気が出ます。

キノコのナムルにチーズを乗せて、魚焼きグリルでこんがり。付け合わせはグリーンサラダ。

13 Mushroom namul
with cheese

イレギュラーサイズのキッチン

カトラリーは、標準よりひとまわり小さいデザートサイズを購入しました。スプーン・フォーク・ナイフの3点セットで5千5百円と、私にとっては贅沢品。

デザートサイズと名付けられたカトラリーを普段使いすることに違和感を抱く人もいるかもしれませんが、**丁度良いサイズは人それぞれ。私にとっては洋服や靴や指輪のサイズを選択することと何ら変わりません。**

ミニサイズのまな板と包丁も10年来の付き合いです。一人暮らし最初の部屋は6帖1Kでした。小さな小さなキッチン。当時サイズ重視で選んだまな板はキッチンが広くなった今でも現役、反りもカビもせず今日に至りました。

小さなまな板に合わせて、包丁はずっとペティナイフです。まるごと1玉のキャベツも問題なく、魚を捌《さば》くときも小回りがきいて使いやすい。ペティナイフを果物用だと区別せずメイン使いに選んだ10年前の私、意外とシンプルな思考を持っていたのかも知れません。

上／クチポールGOAのカトラリー。
下／愛用のまな板と包丁。

頼る家電、手放した家電

　数年前に炊飯器を手放してから、ごはんは鍋やフライパンで炊くようになりました。私は相当な面倒くさがりです。火加減を調節したり、吹きこぼれに気をつけながら時間をかけてごはんを炊くなんて絶対むり！　と思っていたのですが、スイッチひとつで炊ける炊飯器に対しても不満が積もっていました。

　蓋のパッキンや蒸気口が洗いにくいこと、保温し続けてしまい美味しさを欠くこと、油汚れやほこりがついても本体を丸洗いできないこと。引っ越しの勢いに任せて、炊飯器を手放しました。

　浸水する、沸騰させる、弱火で炊く、火を消して蒸らす。炊飯器ならスイッチひとつでできる炊飯も、ガスで炊くと4つもステップがあります。はじめは何度か吹きこぼしましたが、ベストな時間と火加減を覚えると失敗しなくなりました。私の環境では、浸水30分・沸騰まで4分・とろ火で4分・火を消して蒸らし4分。コンロの前にいる時間は、沸騰と火を消すタイミングの数分だけです。

釜と蒸気口とフタと複雑なパッキンを洗う必要があった炊飯器をやめて、洗い物は小鍋一つだけになりました。

ガスでごはんを炊くことは、私にとって丁寧な暮らしではなく気楽な暮らしです。

手放す家電があれば、とことん活用する家電もあります。私が頼りにしているのは電子レンジ。ガス調理と比べて、主に3つのメリットを感じています。

①加熱中にキッチンを離れても危険がない
②レシピ通りの時間で自動停止する
③火力（出力）が一定なので、仕上がりも一定

①は吹きこぼれや引火等の心配がなく、安心して他の家事と並行作業できます。②は火の通り過ぎや空焚《からだ》きを防ぎ、食材をダメにすることがなくなりました。③は、いつでも誰でも美味しく作れるということ。

コンロの前でじっくり調理する時間や気力がないときは、ボタンを押したら完了というレンジレシピに助けられています。

愛用ツール① ステンレスの片手鍋

使っている鍋は柳宗理のミルクパンです。テフロンやフッ素などの特殊な表面加工はされていない、ステンレスの鍋です。ステンレスは焦げ付きやすいという口コミが多く、購入まですごく悩みましたが、特性を理解した今は、様々な調理に活躍しています。

①ゆでる：長さのある葉物野菜も茎からゆでて最後に葉を沈めるので、小さなミルクパンでも大丈夫。丸型のインスタント麺がぴったり収まるサイズ感です。そして蒸気の調節やザルを使わず湯切りができる蓋も見どころ。

②炊く：薄く熱伝導の良い素材なので、加熱時間は短く済みます。こびりついても、しばらく水に浸けておけばス

ルッと落ちます。

③煮る：ひじきの煮物を作りました。使いにくさは全くありません。

④炒める：シチューの具材を炒めました。ここまでの焦げ付きには、重曹かクレンザーの出番です。

⑤焼く：苦手な調理です。食材が鍋肌にくっつき、焼き色をつけることはできませんでした。鶏肉を焼いたら、見事なほどに鶏皮が剥がれました。

⑥揚げる：使い終わった油をオイルポットへ移す際もこの注ぎ口が便利です。ミルクパンサイズだと油も少量でＯＫ。

以前使っていた大きな鍋と比べて、

- お湯がすぐ沸く
- シンクが狭くても洗いやすい
- 満水状態でも軽い

など良いこと尽くめ。

購入から1年以上たち、メンテナンスにも慣れました。

炊飯後には虹色のシミが浮かび上がりますが、これは水分が蒸発する際にミネラルが鍋

湯切りにも便利!

焦げ付きました

注ぎ口が便利

肌に残ることで起きる現象で、失敗ではないそう。そのままでも使用感に影響はありませんが、月に1回程度クレンザーで磨いています。ウエスで軽く撫でるだけでシルバーのきれいなヘアラインが戻り、水が玉になってつるつると滑ります。小難しいことは一切なく、クレンザー1つでいつでも新品同様。

買い替えいらずで長く愛せるステンレスの片手鍋は、キッチンの小さな革命でした。

クレンザー使用前・後

愛用ツール② 鉄のフライパン

フライパンも鍋と同じ時期に購入した柳宗理プロダクト。ステンレスではなく鉄製です。今は専用のタワシも持たず、手入れ道具はスポンジとサラダ油だけになりました。

使用後はざっと油汚れを拭き取り、大さじ1程度の水を入れて残った調味料や汚れを溶かします。それを流したらスポンジで洗い、火にかけて水分を飛ばしたらサラダ油を薄く塗り込んで完了です。

使用するまでは面倒に聞こえていた鉄の手入れも、この一手間で何年もこびりつかないフライパンが手に入ると思うと大したことに感じませんでした。基本はしっかり乾かして油を塗っておくことだけ。

少しザラっとした鍋肌で焼かれた食材はこんがり焼き色がついてカリカリで、塩コショウだけのチキンソテーも絶品に思えます。長く付き合える良品を手に入れてから、料理下手な私でもキッチンが好きな空間に変わりつつあります。

愛用ツール③　ガラスボウルとエコラップ

ある時から電子レンジ調理に凝りだし、大きなガラスボウルを使い始めました。まだまだ使えるステンレスのボウルを捨てることにためらいもありましたが、このボウルに買い替えたことで更に料理のハードルを下げることができました。

調理、保存、サラダやうどん鉢など食器としても使える、蓋付きのガラスボウルを使っています。ステンレスやプラスチックより重たいことをデメリットに思っていましたが、材料を混ぜる際には安定感があり扱いやすく、特に付属の蓋で手軽に一時置きができるところが気に入っています。下ごしらえを済ませた段階で蓋をしておき、食事のタイミングに蓋をずらしてレンジ調理。ラップのゴミも洗い物も劇的に少なくなりました。

温め直しにはエコラップも使っています。ドーム型なのでプレートに盛った料理や山盛りの蒸し野菜もＯＫ、蒸気穴があるので長時間の加熱でも吹きこぼれません。ゴミを減らせる以外にも、ラップを外すときに蒸気で熱い思いをする瞬間がなくなりました。これは嬉しい誤算。

キッチンツールは自分が楽に使える物でありつつ、ゴミやフードロスを出さない工夫も意識して選んでいます。

上／サイズ展開も豊富なiwakiのパックぼうる
下／エコラップ「ぶたチン」（マーナ）

ショートパスタのすすめ

手抜きごはんに便利なパスタメニュー。

スパゲッティなどのロングパスタは1人前が80〜100gですが、マカロニやペンネなどのショートパスタの一人前は60〜80gだそうです。一人暮らし当初、何も知らずに100gゆでたときは出来上がりのボリュームに驚きました。マカロニなどは中が空洞になっているので、実際の可食部分に対して体積が大きい。スパゲッティと同じ重さでも体積は1・5倍近くありました。

ショートパスタがスパゲッティと大きく違うところは、**小鍋と少量の水でゆでられること。**スパゲッティよりも肉厚なのでソースを少し煮含めるとよりおいしくなります。私の定番は、濃い味付けがよく絡むペンネアラビアータ、ペンネカルボナーラ。フジッリのボロネーゼ。パスタソースがなくても、出来合いのスープに加えるだけで満足できる1皿ができあがります。大きな鍋をもたない一人暮らしには、ショートパスタがおすすめです。

上／ペンネアラビアータ
下／ペンネカルボナーラ

シンプルに考えるとサラダが変わる

サラダがなかなか好きになれませんでした。その苦手意識の発端は、生野菜を食べなければというプレッシャー。ドレッシングで味をごまかすことはできても、塩分とカロリーをプラスしては健康のためになっていない気がして、余計に負の感情が膨れ上がっていました。

私が勝手に背負い込んでいた「野菜を生で食べる必要性」と「ドレッシングの罪悪感」。この2つを取り払ったら、いとも簡単にサラダに対する苦手意識が克服できました。辛味のきつい玉ねぎやにおいの気になる千切りキャベツは一切入れず、水菜やベビーリーフなど好きな葉物だけでサラダを作れば、市販のドレッシングは必要なくなりました。調味には塩とオリーブオイルを使っています。

サラダにドレッシングをかけないなんて――と以前は遠い目で見ていました。ところが、わがままに好きな葉物野菜だけで試したらすごくおいしい。パプリカやトマト、コーンを加えると塩で甘みが引き立って更においしい。おいしいから続けられて、いろいろな野菜

を試したくなる。

誰かが作り上げたテンプレートが自分に合わなければ、オリジナルを作ればいい。型にはまることで安心を得ようとして真逆の結果になっていたと気づきました。苦手分野はシンプルに組み立て直すことで克服できます。

オイルで食べるサラダにはまってからは、開封後もオイルが劣化しづらいボトル構造の商品を選んでいます。

オリーブ油・ゴマ油・サラダ油はどれもシンク下の冷暗所保管です。他の液体調味料は1ヶ月で使い切れる量だけを小さなボトルに詰め替えてシンク下に置き、本体は野菜室で保管しています。

貧乏ごはん、シンプルごはん

ミニマリズムや断捨離を通して様々な物や事を少なく・小さくしてきました。その対象は多岐にわたりますが、私が主に取り組んできたカテゴリーの1つに「食」があります。**食器はお皿が1枚、お椀が1つです。**以前は小鉢をたくさん並べたテーブルコーディネートに憧れていました。けれどセンスの無さとたくさんの洗い物の面倒さ、限られた収納スペースとしっかり向き合った結果、私には向いていないという結論になりました。誰しもに得手不得手があり、憧れの誰かに固執しては不幸になるばかりだと痛感した出来事でもあります。

限られた少ないお金で食事を済ますために、コンビニおにぎりや菓子パンを選ぶことがあります。安いもので110円、凝ったものだと180円くらい。とある日の私の朝食プレートは約80円でした。

キウイ2分の1個（1個50円）、くるみパン（1切れ35円）、ココア（1杯20円）。ここにオムレツかゆでたまご1個（19円）を足しても100円以内です。コンビニの菓子パンやおにぎりと同程度か、安いくらい。

フルーツは特売品や割引品を買い、ヨーグルトのトッピング用にカットして冷凍しています。ココアをヨーグルトに替えても金額は+10円ほど、値段は上がってもタンパク質を摂れるのがいいところ。寒い時期はレンジで温めてホットヨーグルトにしています。

同じ100円という枠でもその使い方によって得られるものは変わります。ハイカロリーで単一な味の菓子パンを選ぶか、盛り合わせで栄養と満足感をとるか。

調理器具や器の数を減らし、片付けと準備の手間を最小限にしたことで自炊のハードルが下がり、肝心な食事内容が健康的になってきました。

「手間暇かけること」や「映える食事」ではなく、ヘルシーで自分のお財布事情に合う食事づくり。

キッチンに立つことがストレスにならない自炊生活を続けています。

上／毎日の食卓を支える5点。
下／ある日の朝食プレート、約80円。

column
2

まいにち まるべん

ここでは私のお弁当「まるべん」をご紹介します。使うのは無印良品のスクリューキャップ丸型弁当箱。続けることを目標に、見た目にこだわらず食べ慣れたおかずを詰めています。全てのおかずをごはんに乗っけるだけの、簡単弁当。

卵焼きとソーセージ、ほうれん草のおひたしという定番おかず。いつもの味が落ち着きます。

きゅうりの浅漬け、人参のきんぴら、だし巻き、しいたけの煮物。好きなものだけで構成されたお気に入りのお弁当。

お気に入りのスープ弁当。白菜、もやし、アサリ、木綿豆腐を、キムチの素を加えた鶏ガラスープで煮たスンドゥブ風。卵は後入れで。

味卵、オクラのおかか和え、厚揚げときのこの煮物、きんぴら人参。好きな味付けで埋めれば、お肉なしでも大満足。

塩漬け卵、以下前日とほぼ同じ。数種類のきのこで作った煮物は、日によって盛りつける種類を変えて。

塩漬け卵、以下再び前日と同じ。好きなものしか入れないのが、私のまるべんです。冒険しないのが続けられる秘訣。

day
7

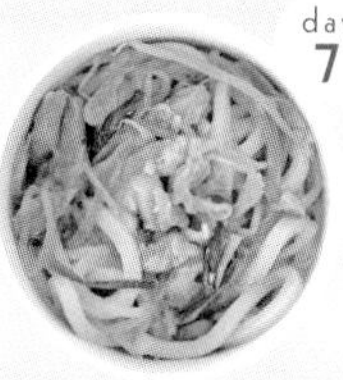

半端野菜で焼きうどん弁当。映えなくても残り物でも、作ることが最重要。味付けもめんつゆで簡単に。

day
8

キーマカレー。野菜は玉ねぎと人参の2種類、ゆで卵を乗せてみましたが、後のせ温玉にすればよかったとプチ後悔。

day
9

豚こまトンカツといんげんの卵炒め、きんぴら人参。カツのソースはお好み焼き用。粘度があってごはんに染みにくい。

day
10

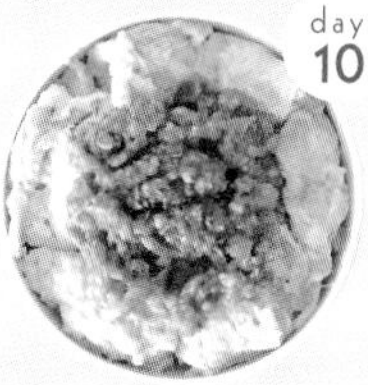

リベンジキーマ。カレーの下のいびつな卵はレンジで作った炒り卵風。朝、フライパンが使いたくなくて。

day
11

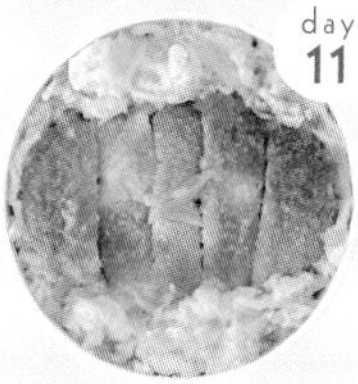

ちょっと贅沢にカツ丼まる弁。豚のこま切れ肉を重ねたミルフィーユかつです。火が通りやすいし、食べやすいし、リーズナブル。

day
12

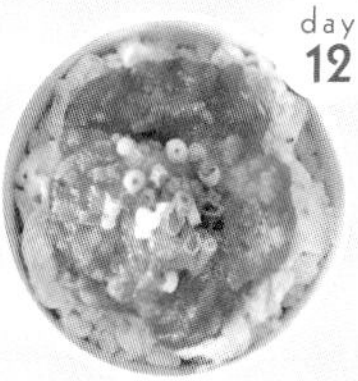

どんぶりメニュー3連続、最後はエビチリたまご丼。ごはん、炒り卵、レトルトのエビチリを乗せただけ。たまに食べる市販の味付けがおいしい。

day
13

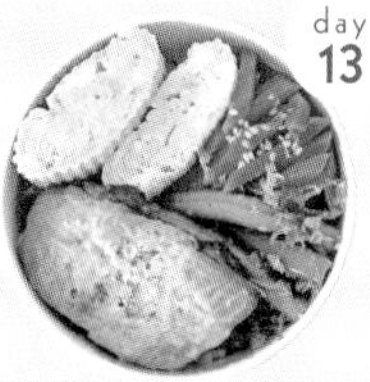

鮭弁当。味噌&マヨネーズのソースを塗ってグリルで焼いたのですが、流れてしまいました。だし巻きと人参はいつもどおり。

day
14

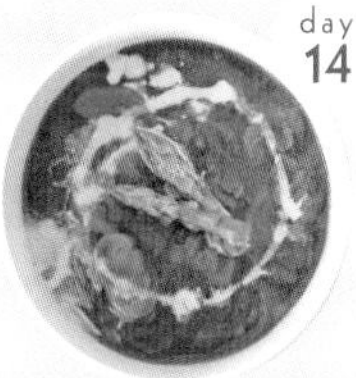

お気に入りのレンジで作るシチュー弁当。薄切りの玉ねぎと、人参、マッシュルーム、豚こま肉を入れたポークシチューです。

day
15

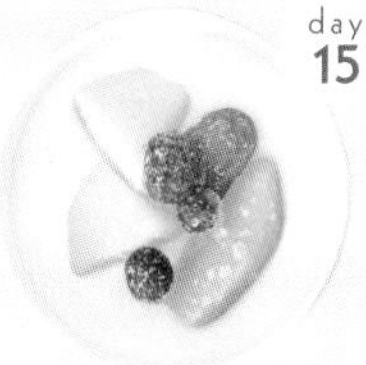

びっくりフルーツヨーグルト弁当。外食で食べすぎてしまった翌日は、サラダかヨーグルトで帳尻合わせ。弁当箱に詰めたら、なんだってお弁当です。

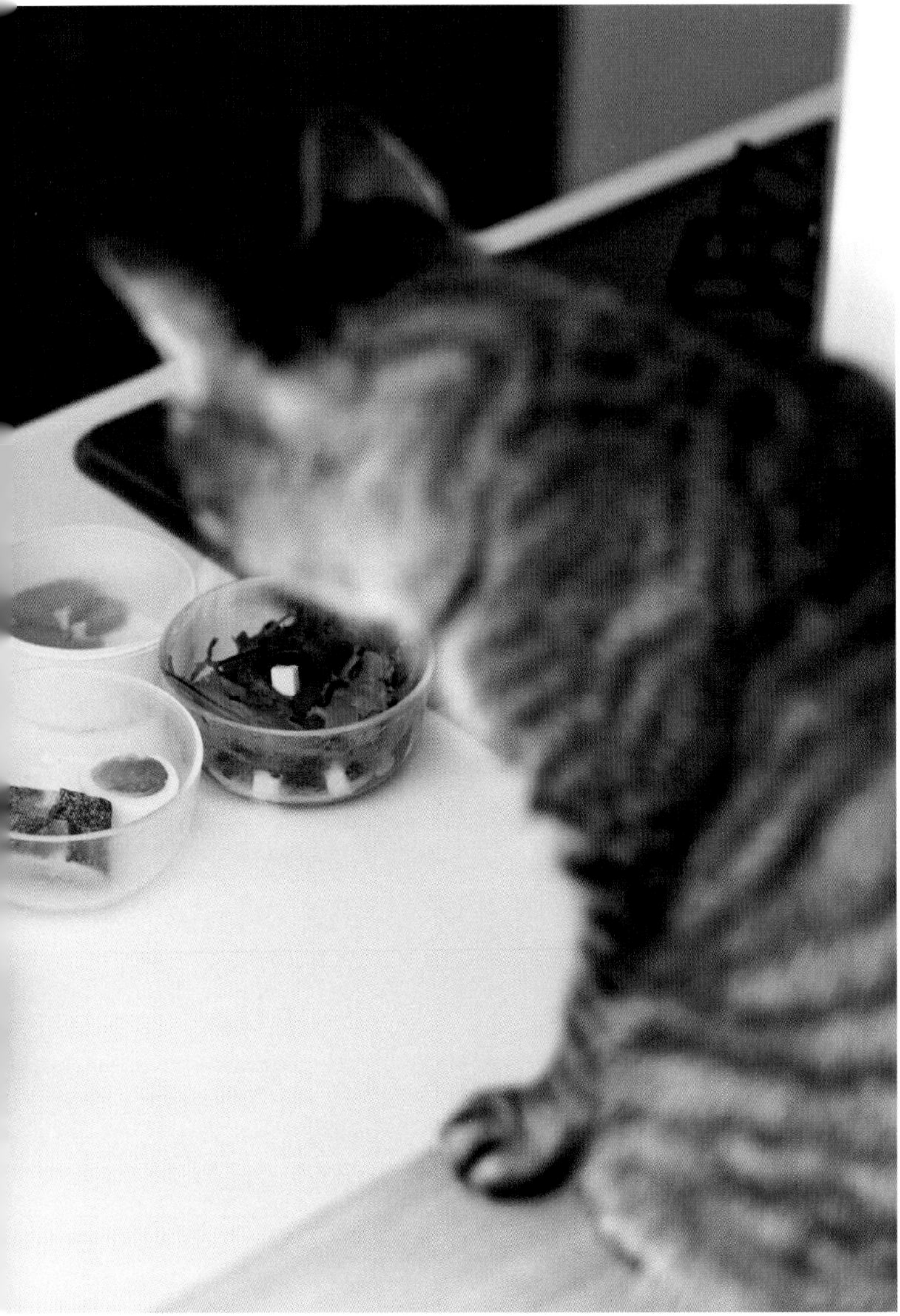

4

小さな暮らしと家事

猫と私の暮らし

2010年から猫を飼い始めました。猫と暮らすために必要な物はたくさんあります。トイレ、食事用品とスペース、タワー、おもちゃ、ベッド。それと同時に、不要な(排除すべき)物も増えます。

一つは植物。ユリやランに属する植物は猫にとって大変な毒となります。特に人の手で育てられた猫は好奇心で食べてしまう心配があります。唯一、猫草と呼ばれる麦の一種は無害で、お腹に溜まった毛玉を排出するために好んで口にするため、ベランダで育てることも。人間一人暮らしの時は爽やかで健康的なグリーンのある暮らしに憧れもありましたが、猫と暮らしている今はその気持もどこか彼方へ。

不要になった物二つ目は、マットやカーペットです。猫の体高は人間よりもずっと低いため、床に溜まるほこりやハウスダストの影響を受けやすい位置で生活しています。いくら掃除機をかけてもフローリングに比べて繊維の中には取り切れない汚れが残ります。そこでアレルギー体質と分かった飼い猫のために、カーペット類は手放しました。いつか足腰が弱ってフローリングで滑ってしまうようになったら、手入れがしやすいパズルマットや薄手のラグを敷く予定です。

当たり前に持っていたものを手放す時は、たくさんの不安があります。後から後悔しないためには「手放す理由」を突き詰めることが大切で、その理由にたどり着いた自分の中の信念が揺るがないものでなければ後悔が残ってしまいます。

私の場合は、

・便利より安心
・自分より猫
・お金より時間

総合すると「**安心して猫と暮らす時間**」が大事という猫至上主義な基準です。この信念を自分自身が納得しているおかげで、捨てたことに対する後悔はほぼありません。

クリスマスと正月と私の平日

年末には、気の置けない友人との食事会があります。時節柄、テーブルコーディネートやコースメニューはクリスマス仕様。毎年、私にとってクリスマスは他人事だという感覚を覚えます。

キリストの生誕祭であるクリスマスは、キリスト教徒でない私には「遠い偉人の誕生日」でお祭りムードはゼロ。加えて、キリストとサンタクロースの間にも特別な関係はないのでプレゼントをもらう謂《いわ》れもなく。とある方の「クリスマスはただの平日」という発言を聞いて、すごくしっくりきた自分がいました。飾り付けもせず、プレゼントも期待せず、普段どおりの1日。まさに平日です。

暮らしを小さくするには、たくさんの取捨選択が必要です。

初詣は人混みを避けて三が日を過ぎてから行くのが私の定番になっていますが、きちんとお作法を守り、お願い事の前にしっかり昨年の感謝を伝えているので後ろめたさはあり

手づくりおせちプレート

ません。

「みんなと一緒」という行動は一時の安心感を生むことはあっても、満足が得られるとは限りません。

人と違うことに引け目を感じることなく、自分が納得できる、心が満たされる選択を積み重ねています。

贅沢はとっておかない

贅沢にはお金がかかります。

でもせっかくお金をかけて用意した物であれば、収納の奥にしまっておくのはもったいないと思うようになりました。

憧れだったティーセット、高級ジュエリー、奮発して買ったとっておきの1着。なぜか特別な日にしか使ってはいけないと思い込んでいました。

今の私は、特別な日どころか平和な明日が訪れる保証すらないと思って日々生きています。**中途半端な身なりで過ごした今日が、もしも人生最後の日だとしたら――。**

貴重な今日この日を最大限楽しむために、いつだって1軍の品々を手元に揃えています。お気に入りの物を暗い場所に眠らせることはやめにして、何気ない日にも取り入れるようになりました。

特別な日の演出方法は物のコーディネート以外にいくらでもあります。初めての場所へ訪れてみたり、美容院でヘアメイクや着付けを頼んだり、普段は選ばないコース料理を予約したり。それから、特別な日をしっかりと噛み締めて過ごす姿勢が何よりも大切なこと。その瞬間を迎えられたことに真正面から向き合えれば、場所も服装も関係ないと感じています。

ロボット掃除機とフロアモップ

掃除の時短に役立つロボット掃除機を持っていましたが、現在は使っていません。床掃除に使う道具は、モップとコードレス掃除機。モップは洗って繰り返し使うタイプで、細かなほこりもキャッチする毛足の長い乾《から》拭き用と、水だけでしっかり汚れがとれるマイクロファイバーの水拭き用を1枚づつ。

乾拭きモップで部屋全体を拭き終えたら、集まったゴミとモップに絡んだホコリを掃除機で回収します。コードレス掃除機は長いノズルを外して、常にハンディスタイルに。

掃除機に床掃除を任せていた頃の水拭きは、多くても月に1回ほど。モップに変えてからは、乾拭きをした「ついで」の感覚で週に1~2度拭いています。たくさんの道具を持ち替えないことが、行動のハードルを下げてくれました。

掃除機の騒音や排気が出る時間は短くなり、他の掃除に当てられる時間も増えました。使い捨てでは味わえないふかふか厚手のモップはホコリをしっかりキャッチして、繰り返し使えて環境にも優しい。とてもよいコンビネーションになりました。

一人暮らしと一足のスリッパ

底冷えする冬の間はもちろんのこと、家の中では一年中スリッパを履きます。トイレ室用のスリッパはなく、どの部屋も同じ一足で出入りします。一人暮らしのトイレの床。こまめに拭き掃除をしているので不潔に思ったことがありません。

不衛生な場所専用の物を持つより、そもそも衛生的に管理しておけば物は共通で済みます。

私がスリッパを履くのは、素足で猫のトイレ砂を踏んでしまうと痛いから。冬場はそれに冷え対策が加わり、就寝の際は地震等で床が危険な状態になった場合に備えてベッドサイドに。避難用シューズを枕元に置くという方法もありますが、突然の出来事に対して「避難用シューズを履こう」と判断できる気がしないので、普段から使っている厚手のスリッパがあれば玄関までは充分です。

ペット（猫）と暮らしているとどうしても床は汚れるものなので、どの部屋も分《わ》け隔《へだ》てなく手入れしてフラットな状態を維持するようにしています。

掃除道具は暮らしの中に

浴室掃除専用のスポンジは買いません。代わりに使っている物は、ボディタオルとして売られているナイロンタオル。購入したばかりの新品を掃除に使うのではなく、ボディタオルとして使い古した物を掃除用に〝おさがり〟しています。扱いやすいサイズに切り分けて、手縫いで端の処理を。ナイロンは繊維の中でも強度が高い種類です。水栓についた水垢も、撫でるだけで簡単に落とせます。

専用の洗剤や時間のかかるクエン酸パックは要らず、入浴のたびにサッと撫《な》でるだけできれいをキープできています。毎日洗っていると強い汚れがつくこともありませんが、念入りに掃除したいときは力任せにこすらず、ほんの少し石鹸を泡立てて洗っています。

スポンジからおさがりタオルに変えて良かったことが3つあります。

一つは**水栓が簡単に磨けること。**もう一つは、厚手のスポンジでは行き届かなかった細**かな場所も洗いやすくなったこと**です。浴槽のつなぎ目、タイルのコーナー、タオルバーなど思い立ったらすぐ行動に移せます。

最後の一つは、**物を最後まで使い切れること。**タオルの取り替え間隔が安定して衛生面も向上しつつ、ただゴミにするのではなく新しい役割を与えて全うさせる。着古した服がウエスになるように、ボディタオルも気持ちよく使い切っています。

キッチンのスポンジも同様です。新しいものに交換する前に、包丁で4つか5つに切り分けて、キッチン・洗面台・浴室それぞれの排水口と、玄関タイルやバルコニーの掃除に使ってから捨てます。この習慣のおかげで、玄関やバルコニーに専用の掃除道具やデッキブラシを置かずに済んでいます。

物を捨てたり減らしていくうえで「何かに使えないか?」と考えることはタブーとされていますが、捨てる前にもう一仕事を与える方法は環境にも優しく、積極的に採用しています。

捨てる行為には罪悪感を感じることが多い中、**1つの製品をしっかり使いきると清々しい気分になります。**物の過剰な収集や所有から脱した後は、短絡的に捨てない・物を使い切ることを盛り込んだシンプルな暮らしを心がけて、1つ1つの物を最後まで大切に使っています。

布団は干さない

私が住むマンションには日当たりの良いベランダがありますが、物干し場としては使っていません。

持っている衣類が少ないので、風で飛ばされてしまったらダメージが大きいこと。どこからともなくやってくる柔軟剤の香りやタバコのにおいを付けたくないこと。私も飼い猫も花粉アレルギーが発覚したこと。そんな理由から、ベランダはただの大きな窓となりました。

数年前の春にベランダで掛け布団をじっくり干した翌日から目のかゆみが止まらず、花粉症の辛さを知りました。それをきっかけに布団乾燥機を使い始め、今ではなくてはならない存在です。

最初に買ったマット式乾燥機は畳むのが面倒になり、買って数回の使用で挫折。すぐにマット不要のタイプを探し、今も愛用中です。

今使っている布団乾燥機「カラリエ」(アイリスオーヤマ)

花粉症の辛さと引き換えに、一年中さらさらふんわりな布団が手に入るようになりました。

私が毎週利用するダニ退治モードでは温風を100分間出し続けるので、電気代も気になるところ。

一人分でいいから続けられる贅沢かもしれません。

思い立った時にすぐ使えるので、季節や天候に左右される天日干ししか選択肢がなかった頃に比べて、手入れのハードルがぐんと下がりました。

寝具のこだわりと勝手に増える物

小さくてもなかなかなくせない物があります。それはハウスダスト。ただ生活しているだけで知らぬ間に生み出されています。

愛猫とのびのび休めるようにダブルサイズのベッドを置いているので、この大きなマットレスに掃除機をかけるのもなかなか手間がかかります。

生活に必要な物の多くは手間が少ない方を選ぶ私ですが、マットレスの広さは譲れないポイントでした。

マットレス、掛け布団、枕。ほぼ毎週布団乾燥機でしっかり蒸してから掃除機で吸い取っています。

湿気が多い梅雨時期や汗をかく夏場は、乾燥機の使用回数も多めに。

冬場はマットレスに仕込んだ電気毛布で十分な暖がとれるため、生地だけの毛布は持たず、一年を通して同じ掛け布団です。

厚手の毛布のさわり心地と暖かさも良いものですが、たくさん出るホコリと猫の抜け毛

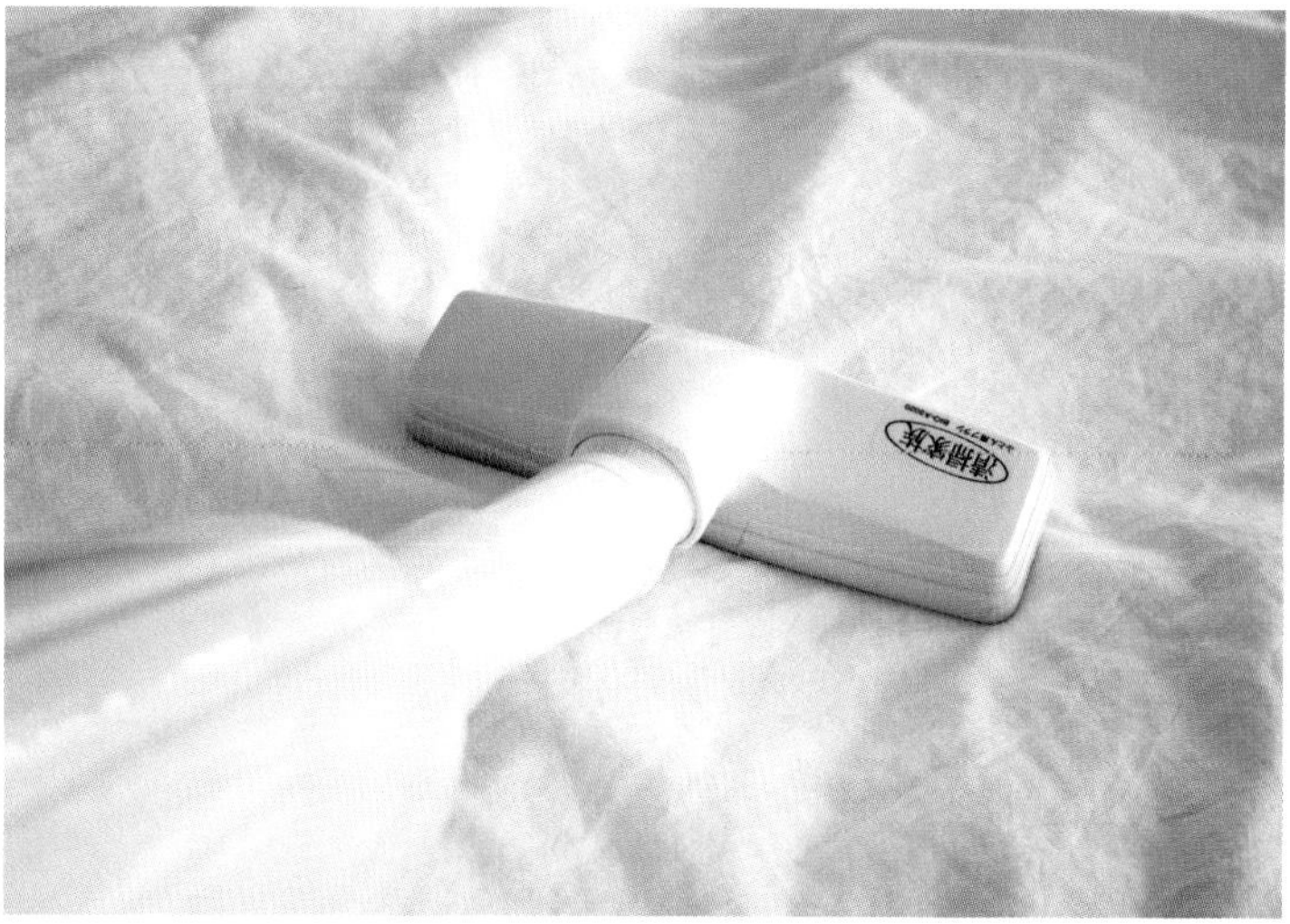

マキタのスティッククリーナーにふとん用ブラシ(コーワ)を付けています。

除去の大変さから手放しました。

一人暮らし開始当初は寝具の手入れは二の次三の次でした。

休みの日には他の洗濯物が一杯でシーツを干す場所もなく。布団を天日に干すのも、年に数回だったように思います。

暮らしを小さく改革したことで時間と気持ちのゆとりが生まれて、やっと今の頻度で手入れできるようになりました。

毎日を気持ちよく過ごすために、欠かせない時間です。

小さな洗濯道具と部屋干しのルール

布団同様、衣類も外には干さなくなりました。しかし雨が続くと部屋干しのにおいが心配になります。乾燥するまでに時間がかかると雑菌が繁殖して発生する部屋干し臭。これを予防するために1つだけ決めていることがあります。

それは**一度に干す量を制限すること。**ランドリーバスケットに収まる量を目安に、浴室なら1杯分、リビングなら2杯分まで。

洗濯物が乾く時間を左右するのは湿度・気温・風の3つ。部屋の広さによって抱えることのできる水分（湿度）が違うので、12帖のリビングと2帖のバスルームでは干す量を変えています。

リビングには大きな窓が2つあるので、風の通り道を作りやすく乾きが早いのですが、バスルームは換気扇だけで乾かすため、極端に量を減らして。

上限を決めてこまめに洗濯するようにしたところ、浴室乾燥機を利用することはなくなりました。

バスケットからあふれるほど洗濯物が溜まってしまった時も、一度には干さないようにしています。あふれた分は洗濯機内でつけ置きするか、すすぎまで（脱水の手前）の状態で物干しスペースが空くまで待機させます。

確実な方法を把握しておけば、柔軟剤の香りや除菌剤に頼らなくても大丈夫。**衛生的で出費も抑えられて、一石二鳥です。**

ピンチハンガーも小ぶりなものに買い替えました。大は小を兼ねる。大きい物は機能として小を兼ねます。ただしその使い心地が良いかは別のはなし。

大きなピンチハンガーがサーキュレーターの風で回り、浴室のタイルにぶつかって傷を作っていました。さらに折り畳み式は開閉の度にピンチが絡まり、毎度それを解くのも小さな小さなストレスで。ここ数年で手持ちの衣類が減ったこともあり、畳まない小さな物に変えました。

ピンチに吊るして干すものは毎日タオ

ルや小物5点ほど。パジャマや洋服、ベッドカバー類は普通の衣類ハンガーで干していま す。シーツやベッドカバーも、ハンガーとピンチが2個ずつあれば吊るせることを最近知りました。

簡単かつ省スペースになり、腰が重かった大物の洗濯がとても楽に。短辺をマントのようにハンガーにかぶせてピンチで止めるだけという方法です。

必要以上に大きな物は目的の対象を取りこぼすことなく遂行できる・イレギュラーにも対応できるという利点をもっていますが、日々繰り返し触れるもの・決まったルーティンがあるものは、**ストレスフリーな小さいマイサイズ**で揃えています。

アイロンがけを楽にする2つの工夫

持ち物の要・不要を見極める習慣がつく前は、家事が大嫌いでした。自炊、掃除、洗濯。ぜんぶを休みの日まで溜めて、せっかくの休日が丸つぶれ――。

中でも私が嫌いだった家事は、洗濯・コンロの掃除・アイロンがけです。

アイロンは特に苦手で、私服はシワのつかない素材が選択基準！　ハンカチは全てタオル生地の物にしていました。

一人暮らしを始めた当時、家事に関する知識は全くありませんでした。洗濯物の室内干し臭対策には、脱水後は速《すみ》やかに干すという鉄則を知りました。それからは、脱水から干すまでに30分以上開いてしまったらもう一度洗い直すほど、とにかく洗ったらすぐ干すことだけを実直に守っていました。

部屋干し臭には悩まなくなったものの、洗い上がった服はシワだらけ。ハンガーに掛けた状態でシワを伸ばそうとしても、低身長の私には腕を上げた体勢で袖を伸ばしたり叩いたりという動作が重労働で続きませんでした。単に不器用なせいもあるかもしれません。

ある時、干す前に丁寧に畳めばその重みでシワがとれてアイロンの手間が省《はぶ》けるかも、と気付きました。いざ採用してみるとこの方法がとっても快適でした。洗濯機から取り出した衣類はピンとシワを伸ばしてたたみ、上から軽くプレス。この状態で10分程度置いておくだけで、びっくりするほどシワがなくなります。物干し竿のような高い場所ではなく自分の手元で簡単に畳んで、あとは放っておくだけ。洗濯時に一手間増えることと苦手なアイロンがけを天秤にかけた時、私は前者の方が圧倒的に楽でした。仕事着のシャツは仕上げにアイロンをかけますが、普段着はノーアイロンで済んでいます。

もう一つ、アイロンスチーム用の水の補充も小さなストレスでした。専用の小さなカップが付属していましたが、注ぎ口が狭く、少しずつ慎重に入れないと溢れます。それは至極当たり前のことですが、せっかちな私は非常に面倒に感じて補充の方法を変えました。使うのはドレッシングボトルです。

注ぎ口に差し込める程度に先が細く、出す量が指先で調節できる容器を探して見つけました。ボトルを押しながら3つカウントすれば適量だと分かり、今はタンクの目盛りを見る必要もなし。これで水を持ってアイロンと洗面台を行き来する機会は月に数回でよくなりました。**苦手な事柄こそ目を背けず工夫していけば、暮らしがうまく回り出す気がしています。**

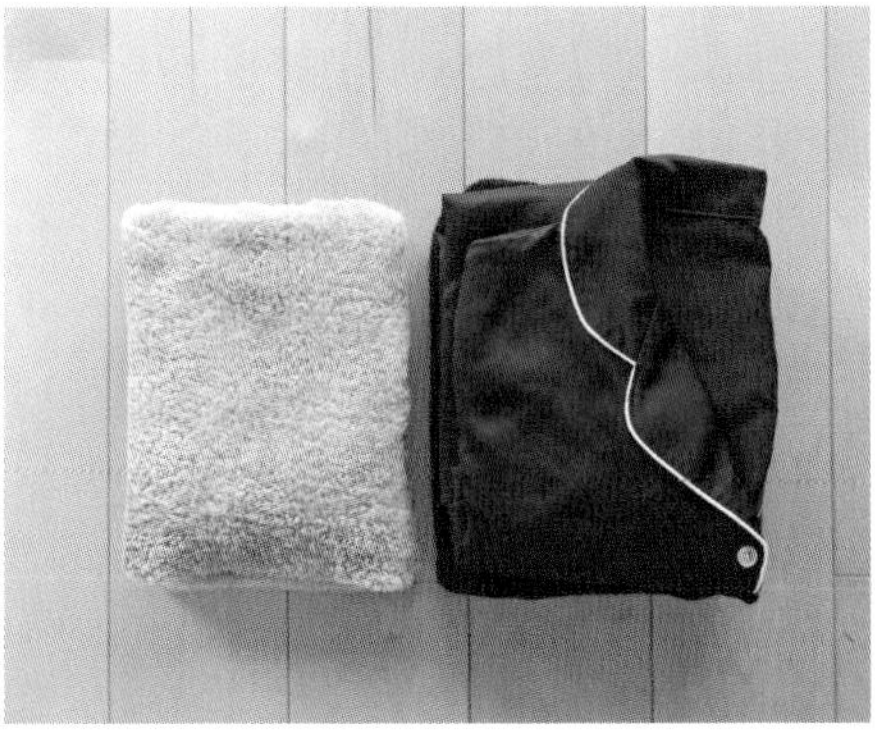

上／大体同じ大きさに畳み、上から軽くプレス。 中／ドレッシングボトルは蓋があって便利。 下／収納はアイロンとセットでかごに入れて。

探し物のない暮らし

幼い頃からずっと、忘れ物や探し物が絶えない人生でした。家や自転車の鍵、定期券、身分証、提出書類、携帯電話、イヤホン。それ自体が大切かどうかは関係なく、とにかく何でも見失っていました。

さて、毎年11月が近づくと1通の葉書が届きます。住宅地震保険の証明書です。マイホームは中古物件、家屋の評価自体が下がっているため保険も多額ではありませんが、所得控除が受けられるため必ず年末調整で提出します。

勤め先で年末調整の依頼がかかるのは葉書が届いてから1ヶ月以上先の話。昔はこのたった1ヶ月間で、必ずと言っていいほど葉書を紛失していました。

現在はレシート・領収書保管用のポケットファイル（18ページで紹介）が定位置です。ガスの検針票や、マンションの管理組合からの通知書、税金や保険に関するものまで1年分の書類がこのファイルにまとまっています。

家計簿をまとめるために毎月1回は必ず触れるファイルなので、どこに入れたのか忘れる心配もありません。書類はここ！　と決めている、いわゆる物の住所です。

1年の終わりには、長期保管が必要な物だけをカテゴリー別のファイルに移します。受け取ってすぐに分けていた頃は、「地震保険の書類は住宅ファイル？　お金のファイル？　職場に提出するから仕事のファイル？」と、何を基準に仕分けたか忘れて、いくつもの場所を確認する手間が生まれていました。

それを解消するために、初めの1年間は1つのファイルに日付順に入れていくだけ。雑多に入っていても、受け取った時期から探せる仕組みのほうが私には合っていました。眼科や歯科など医療機関の明細も入れているので、前回行ったのはいつ？　という確認もできて健康管理にも役立っています。

毎日探しものをしていた頃は部屋や収納の広さに対して持ち物が多く、さらにその多くに定位置が決まっていませんでした。定位置を決めるにも、1つの席に10人は座れません。**まずは工夫をしなくてもすんなり納まる量まで物を減らすこと。**その後は総量を越えないように日々小さな見直しを続けています。

小さく暮らすと手に入らないもの

所有する数を減らし、手入れして長く使う。そんな暮らしを続けていると手に入らない物があります。

不要となった布を小さく切った使い捨て雑巾ウエス。一人暮らしかつ少ない衣類で過ごしていると滅多に手にすることはありません。

様々なシーンで重宝するウエスですが、今はないなりに工夫をしています。最も出番の多い場面は油汚れの拭《ふ》き取り。目的は油を流さないこと、洗剤を多く使わないこと、スポンジを必要以上に汚さないこと。油汚れを日常的に排水していると年月をかけて油膜が重なり、排水管の詰まりの原因にもなります。

ウエスがなければティッシュやキッチンペーパーで拭くこともできますが、紙も大事な資源。とはいえ古新聞ではインクが移りそうで心配ということで、スクレーパーを使うようになりました。

器に残ったシチューやカレーの油汚れはスクレーパーですくい取り、それを古新聞で

スクレーパーは無印良品のもの。

拭《ぬぐ》って捨てます。

食器に古新聞を当てるのには抵抗がありましたが、掃除道具であるスクレーパーを拭くだけなら安心して使えます。

食べ残したつもりはなくても、小さなボウル1つから小さじ半分くらいの汚れが取れました。調理に使った鍋やお玉も合わせたら、かなりの量です。

コップ1杯の油を安全に自然へ戻すには、浴槽200杯分の水が必要だとか（公益社団法人日本下水道協会HPより）。

みんなの負担が小さく、幸せが最大限になるような暮らしが理想です。

小さな範囲から始める

トイレ掃除で運気が上がるといわれますが、私は運気というものを感じることがなく、すべては因果のもとに成り立っていると思っています。

トイレは多くの住居の中で最も小さな個室です。加えて、置いている物も少なく掃除が簡単。広いリビングを片付けて隅々まで拭き上げるには何時間も、もしかしたら何日もかかるかもしれませんが、トイレ室なら30分もあればピカピカにできます。つまりトイレは最も簡単に掃除の成功体験ができる場所。

人が何かにチャレンジしたり最初の一歩を踏み出すには、成功体験が大事な燃料になります。過去に失敗ばかりだったり、どうなるか結果が分からないことに取り掛かるには大きな勇気が必要です。でも過去の経験から、良い結果が得られる・自分は必ずやり遂げられるという自信をつけていれば、人は悩む間もなく動き出せます。つまり**成功体験は、やる気スイッチ。**

トイレという一つの空間を整えることで、「自分は掃除の能力がある」「きちんと物事をやり遂げる能力がある人間だ」という自信がつきます。そこからやる気が生まれ、次の行動につながる。だからいつの時代も、トイレ掃除にはパワーがあると言われ続けるのだと感じます。

片付けも同じで、まずは小さな範囲から成功体験を重ねて、自分でやる気を呼び起こすことが大切。引き出し1つから始めようと言われるのは、そういった因果関係があると思っています。

大きな目標に取り掛かりたい気持ちを堪えて、必ずやり遂げられる小さな目標からクリアする。達成できれば自信が生まれて、やる気も効率もどんどん高まり、難しい問題もらくらく乗り越えられる自分に成長しているかもしれません。

自宅を旅先にする家事

休日をだらけて潰していた頃は、自分に与えられた時間を過ごし方によって2つに分けて考えていました。1つは仕事をしている時間、もう1つはオフの時間。この感覚で過ごしていた頃は、待ちに待ったオフの時間まで掃除や洗濯なんて作業はやりたくないと考えていました。

今はオフの時間もさらに2つに分けて考えることで、より一層プライベートタイムが充実しました。

1つは楽しい旅行中の自分。2章でご紹介したように、私の家は極上のテーマパークです。

そしてもう1つは、そのテーマパークの支配人としての自分です。

旅行気分の私は楽しみや癒やしを得られる受け身の自分です。一方で支配人である自分はお客様に喜んでもらうために部屋を整えて洗練されたアイテムを揃え、最大限のもてなしをする時間です。

どうせ自分だけだからと考えるより、この家での生活を楽しみにしている誰かのためと考えるとやりたいことが次々に浮かびます。

フカフカのソファに座ってもらおう、飛び込みたくなるベッドを用意しよう、良い写真が撮れるように要らない物は片付けよう、景色を楽しめるように窓を拭こう、健康的で見た目にも楽しめる料理を出そう、花や季節の飾りで今日という1日を楽しんでもらおう！

自分を100%満足させられるのは、後にも先にも自分だけ。

私自身が笑顔で過ごせるために、ニーズを満たす理想のテーマパークをつくりあげる文配人業として、楽しみながら家事と向き合っています。

5

小さなワードローブ

わたしの服はこれですべてです

季節の服はすべてハンガーにかけて収納しています。

オフシーズンの服は無印良品のソフトボックス1つに。たくさんあった衣装ケースは1つ残らず手放しました。

平日も休日も、外に出かけるより部屋で猫と一緒に過ごすことが大好きな私。あまりお披露目する機会のない私服は、冬9着、夏6着の合計15着です。

冬のワードローブ

冬服は9つのアイテムでコーディネートしています。内訳はトップス3つ、ボトムス3つ、ワンピース1つ、アウター1つ、小物1つ。

トップスはビジュー付きの薄手のニットウェアと、ドルマンスリーブのリブニット。もう1つはジャストサイズのシンプルなカーディガンです。

ボトムスはシルエット違いのロングスカートが3つ。しっかりとしたプリーツ、ふんわり広がるシャーリング、ストレートなタイトスカートです。

パンプスとスニーカー、合わせる靴によってカジュアル・フォーマルどちらの雰囲気でもコーディネートできます。

パンツの場合はタックの有り無しや素材感、シルエット等によってカジュアルとフォーマルの境界がはっきりしていますが、無地のスカートは万能に使えています。

ワンピースも足首近くまでのロング丈。155センチの身長でもバランスよく着るた

1／カーディガン　2／ワンピース　3／タイトスカート　4／プリーツスカート
5、9／ニットトップス　6／ストール　7／コート　8／シャーリングスカート

めに、ウエストマークできるデザインを選ぶようにしてます。

アウターはノーカラーのショート丈です。**車移動が多いため、乗り降りでもたつかないように短めの丈を選びました。**

また冬はストールやマフラーなど首の防寒具と合わせることを考えて、ごわつかないようにノーカラーを。

ストールはモノトーンの柄物です。

夏のワードローブ

夏服は日焼け、汗ジミ、冷房対策と、冬服に比べて選ぶ条件を多く設定しています。1つでも妥協するとすぐに不満が出て手が伸びなくなるので、すべてをクリアする物だけを買うようにしています。

トップス2、ボトムス2、ワンピース2という内訳になりました。

トップスはジャストサイズのサマーニットに、AラインシルエットのTシャツ。ボトムスは足首丈のスカートが2種類で、タイトスカートは夏冬兼用、一年中愛用しています。Tシャツを選ぶ際は、インナーが透《す》けないしっかりとした生地であること、袖口からもインナーが見えないことが最低条件。さらにボトムインで合わせた場合のバランスと、襟の開き具合。カーディガンを羽織っても袖がまくり上がらないこともチェックしてから決めています。

ウエストゴムのワンピースは、以前持っていた同色ワンピースのウエストリボンを使いまわしてシルエットを微調整しています。

パーカーワンピースはワッフル生地のため、夏でもさらっと肌当たりがよく、厚みがあるように感じるのに実際はとても軽くて着心地抜群です。パンプス&ショルダーバッグと合わせてカジュアルになり過ぎないコーディネートで着ています。羽織りの要《い》らないドロップショルダーの五分丈袖が着やすく、最も出番の多い1着です。

1／Tシャツ 2／サマーニット 3／マキシ丈ワンピース
4／パーカーワンピース 5／タイトスカート 6／チュールスカート

ジーンズの呪縛

持っているボトムスはロングスカートばかり4着。すこし前までは、それに加えてデニムが1着ありました。かれこれ5年以上前に買ったデニムはスキニーパンツ。ぴったりフィットしてボディラインが出てしまうことに年々違和感を感じ始め、気づけば半年以上着ていませんでした。それでも捨てなかったのは、〝当たり前〟の呪縛。「誰だってジーンズの1つくらい持ってないと」。そんな思い込みが自分の気持ちや思考を妨げて、なかなか決断できずにいました。

衣替えの際に改めて手に取り、「誰のために・何のために持ち続けるのか」と自問。ようやく手放すことができました。

どれだけ素敵な製品でも、自分にとっての価値を基準に取捨選択しなければハリボテになってしまいます。**手入れが行き届くこと、適度なサイクルで活用すること。**しっかりと自分のものさしを使った物選びが大切です。

いいとこ取りの1着

夏と冬に1着ずつワンマイルウェアを持っています。部屋着でありながら、ちょっとそこまで出かけられる服。人前に出る服なら常に外出着（おしゃれ着）を着れば良いと考えた時期もありました。

実際に毎日おしゃれ着を着て気がついたのは、家事や家での過ごし方にとても気を使うということ。掃除や調理で汚れていないか何度もチェックしたり、猫の隣で寝そべるときもシワや型くずれが気になってリラックスとは程遠く。何より猫の爪が引っかかってほつれる・破れるリスクは避けられるものではなく、外出着のまま家で過ごす時間は極力減らすことにしました。

そこでリラックスとおしゃれの両方兼ね備えた、シンプルなワンピースをワンマイルウェア・家事着として持っています。

清潔、丈夫、リラックス、シンプルが揃った、いいとこ取りのワンマイルウェア。夏用は五分袖のIラインワンピース、冬用は裏起毛のパーカーワンピースです。

短すぎず長すぎない膝下丈のワンピースは掃除の邪魔にならず、スニーカー&ソックスでもパンプスと合わせてもバランスよし。羽織や小物に頼らずワンマイルウェア単体でもきちんとして見えるように、生地は厚めでシワになりにくい物を選んでいます。リラックスウェアでもあるため、ゴワつく装飾や窮屈な締め付けのない、シンプルなデザインを求めたところ、ワンピースになりました。

家事もお出かけもリラックスも、シームレスな一人時間が手に入るオールマイティな1着として大活躍しています。

アクセサリーは3つ

収集癖がありました。キーホルダーやアクセサリーは、好きと思ったら全て手に入れたい。1点の値段は安くても、3つ4つと買えば金額もばかになりません。でもあの頃はそれが幸せでした。たくさんの物が手元にあり、選択肢が多いこと。**小さく暮らしたいと思い始めてから、その基準も変わってきました。**今は、数にこだわらず心から気に入っている物を持ちたい。

アクセサリーは3点所有しています。

- ダイヤのリング
- ダイヤのネックレス
- パールのネックレス

ダイヤのネックレスとリングは、どちらもピンクゴールドに小さなダイヤをのせたデザイン。3つの中で最初に手にしたのはリングで、5年以上ずっとお守りのような感覚で身に着《つ》けています。ダイヤのネックレスは2代目で、ハートのデザインがしっくりこなくなり買い替えたものです。スキンジュエリーに相応《ふさわ》しく飽きのこないシンプルなデザインを選びました。パールのネックレスはフォーマルな席に、年に数回は着けて出かけます。

一番付き合いの長いリングは薬指に着けていますが、ピンキーリングとして売られていたもので、サイズは6号。

指輪を買おうと決めたものの気に入るデザインが見つからず、手当たり次第にショップを巡っていた時の話です。とある販売員さんが仰った、「お客様の手なら、ピンキーリングでも薬指に着けられますよ」という一言で選択肢を広げてみたところ、現在のリングに出会うことができ、トントン拍子で購入しました。華奢《きゃしゃ》でさりげないデザインのピンキーリングがまさに求めていた理想通り。ピンキーリングは小指だけのもの、という意識を取り払ってくれたあの販売員さんの言葉が、世の中の「普通」から外《はず》れても大丈夫と背中を押してくれた気がします。

あれから5年以上目移りせず大事にしており、ここまで愛せるお気に入りに出会えたことも非常に幸運でした。

型や枠に縛られず自分に正直な選択ができるようになれば、その先はずっとシンプルで心地よい暮らしが待っています。

3足の靴と手入れ

自宅に所有している靴は①パンプス　②スニーカー　③レインブーツの3足です。仕事用の靴が職場に1足あり、それを合わせても4足。

以前は大量にパンプスを持っていました。私の収集癖は靴にも及び、色違いを何足も買うため収納には到底入り切らず、玄関はぐちゃぐちゃ、コーディネートのために毎朝姿見の前を何度もウロウロしていました。

お店やカタログでは素敵に見えても、持っている洋服との相性を考えずに買っていたため、いつも中途半端。数があっても満足できず、買い集めることがやめられずにいました。たくさんあるからと1つ1つを大事にする気持ちも忘れ、歩き方も靴の管理も乱雑でパンプスの寿命は3ヶ月から半年。つま先が傷《いた》んで捨てたり、ヒールのゴムは取り替えるものだと知らず、すり減っただけで何十足も捨ててきました。

20代も半ばになり修理できることを知って、お店に出したり自分で替えるようになりました。ペンチさえ持っていれば替えのゴムは100円程度。安いのでこまめに替えられ

て履き心地をキープできています。

　パンプスは手入れして長く履けるもの、消耗品ではないと分かると、自然にお気に入りだけが手元に残り、1足まで絞られました。

　スニーカーも見た目だけで決めずシューフィッターに相談してぴったりな物を選ぶことで、いつまでも履きたい、大切にしようという意識が生まれました。

靴も家具も家電も、お気に入りを手入れして長く使う。

　日々の満足度は高まり、ゴミの量も減って環境に優しい、そんな暮らし方が心地よいと感じるように変わってきました。

SHIRO
cheero

6

身軽を叶える持ち物

フレキシブルなミニ財布

現金を使わず、主にキャッシュレス決済を利用しています。キャッシュレスといっても、昔ながらのクレジットカード。店頭でもWEBショッピングでも、同じ1つのカードを使います。利用明細が1箇所に集まっているので、家計管理もスムーズです。

現金を使わなくなってから、普段持ち歩く財布は二つ折りのパスケースになりました。中には、

- クレジットカード
- キャッシュカード
- 運転免許証
- 健康保険証
- 千円札3枚
- レスキューカード（10章で後述）

COACH

を入れています。これ1つでどこへでも出かけられます。

カードが使えないシーンに備えて千円札を3枚。これは職場から自宅付近までタクシーで帰れる金額です。

二つ折りの薄いパスケースを選んだのは、長財布にそのまま入れるため。

食事などの支払いを伴う面会や現金払いのみの病院など、カードのみでクリアできない場面が時々あります。その度に必要な物を普段用の財布から長財布へ入れ替える作業が面倒なため、長財布へまるごと入れられるパスケースを選びました。

普段使いは小さく快適に、TPOに合わせて長財布に持ち替える手間も最小限。**数だけに固執しないミニマルさ**がここにあります。

バッグとポーチ、持ち歩くもの

ポーチに入れる物は化粧品に限らず、バッグインバッグのように使っています。職場についたら貴重品はデスクに持っていたいので、手荷物全部をポーチへまとめて持ち出すようになりました。入れているものは以下の7つ。

防災も兼ねた①モバイルバッテリーは、スマホ充電1回分のスリムなスティック型。仕事の休憩時間や買い物の際に音楽を聴くための②無線イヤホン。身だしなみに③ワセリン、④手鏡、⑤目薬。気分をリフレッシュさせるための⑥練り香水と、⑦パスケース型の財布です。

ハンカチとティッシュは休日のみプラスします。職場の給湯室・化粧室ともにタオルやペーパーが置かれているので、仕事の日は携帯しなくなりました。目薬と手鏡はコンタクトレンズを着けているので必需品です。

バッグに入れない物①　エコバッグ

エコバッグは基本的に持ち歩かず、買い物の予定がある日だけ持ち出しています。食品トレーや牛乳パックなどのショッピング施設で回収している資源を入れるため、普段はキッチンの引き出しに収納。専用の持ち出し袋を用意しなくても、エコバッグに入れて出かければ一石二鳥です。

固定の商品に依存しすぎない・1つの物を多用途に使う暮らしにシフトしてからは、急を要する買い物の用事は減りました。電池は充電式に、食品はローリングストックが豊富、メイクコットンやフロアワイパーなどの使い捨て商品も使わない生活。

仕事帰りに買い物をすると、疲れから判断力が鈍ってアレコレ買いすぎてしまいます。マイバッグを日々携帯せず必要な時だけ使う生活に変えれば、自然と計画的な買い物習慣が身につきます。

バッグに入れない物②　化粧直し道具

お化粧品も入れていません。大きく崩れるような厚化粧をしないことで、メイク直し自体を手放しました。紙おしろいを持っていた時期もありましたが、今はティッシュやハンカチで軽く脂分をオフするだけで十分です。

バッグに入れない物③　リップ・ハンドクリーム

リップクリーム・ハンドクリームは持たず、ワセリン1つになりました。

とある日の話。飼い猫の背中に頬を寄せて毛並みを味わおうとしたところ、ほんのりと石鹸のような香りがしました。キッチンでいたずらをしたのかと思い、焦って猫の体をあちこち嗅《か》いでみたら、原因は身近な場所に。

猫のにおいは体調変化のバロメーターです。口内炎や歯周病で口のにおいが変わったり、老いからグルーミングの頻度が落ちて体臭が変わったり。また猫は精油などの香り成分を分解できないと言われており、室内では芳香剤や香りつきスプレーなどを使わないようにしています。それが当たり前の習慣になっていたつもりが、いい香りの正体は私がつけていたハンドクリームでした。

香料が気になりだしたハンドクリームは「ご自由に」と書いて職場へ寄付。定番商品だったので翌日には誰かに貰われた様子でした。

その後は猫にも安全な製品を探してワセリンを使い始めました。その存在はずっと昔から知っていたものの、人生で初めて手にとったワセリン。香り無し、医療現場でも使われる高い安全性、猫にも無害、少量でしっかり肌を保護してくれる。希望を全て叶えてくれる使用感から、すっかり暮らしに定着しました。

両手のケアには米粒1つ分の量で十分なので、リップクリームほどの小さなチューブに詰め替えて携帯しています。

バッグに入れない物④　予備のアイテム

2個以上のリップ、ヘアゴムやヘアピン、ボールペン、サプリメント、のど飴――どれも朝の身支度が十分整っていれば、必要のない物ばかりでした。いつ開封したか分からず口に入れるのがためらわれるのど飴やサプリメント、もう持ち歩きません。

練り香水は「SHIRO」を愛用。

小さな癒やしを持ち運ぶ

外出時にちょっとした楽しみがあります。それは練り香水。飼い猫のために家の中ではつけられないので、外にいる時間だけのお楽しみです。ミスト状の香水と違って、香りの強さを調整しやすいのが練り香水のいいところ。一般的にデメリットとされる持続性の低さも私の環境にはぴったりです。薬指で撫でるように取り、首筋や手首の内側にぽんぽんと付けています。仕事に区切りがついて腕時計を確認すると、ふんわりいい香り。スッキリとした良い気分で次の仕事に取りかかれる、ささやかな楽しみになっています。

3種類のカバン

カバンはシーン別に3種類持っています。

基本は小さなショルダーバッグ。長財布を必要とする予定にはハンドバッグ。散策や小さなお子さんを含む集まりなど、両手を開けたい日に使うミニリュック。購入時期はバラバラですが、どれもシンプルなデザインの「COACH」で揃えました。

見た目の可愛さや手持ち服とのコーディネートばかり考えて選んでいた頃は、必要なものが入らなかったり、重すぎて疲れてしまったりと失敗ばかり。

TPOに合わせたカタチを持つことで、はみ出た荷物をサブバッグや紙袋に詰め込むことがなくなり、朝の支度も格好もスマートになりました。

猫と暮らすようになって宿泊を伴う外出はしなくなり、スーツケースやボストンバッグは不要に。いつか使うかも――は考えず、すぐに必要としている人に引き取ってもらいました。

荷物が軽いと物を買わない

手荷物が少なく軽くなるにつれて、街での衝動買いが減りました。衝動的に欲しい物と出会ってしまった時に、ふと考え直す瞬間がやってきます。「私は今、たったこれだけの手荷物で楽しく生きている」「目の前にあるこの製品は、そんな私に必要な物だろうか？」と——。

すると店に並んでいる素敵な商品の多くは、自分の手元に置く必要はないと気付きます。荷物が多い時はあれもこれも欲しい気持ちでいっぱいでした。持てば満たされる、増やせば幸せになると、全く疑いもせずに。

自分にとっての適正量を知り、実践していると、「かわいい、けど要らない」「おしゃれ、でも似合うかな？」と〝対自分〟の価値を考える癖がついて、自分に合った素敵な物だけが手に入るようになります。

絶対に買わないと思っていた物

保湿剤にワセリンを使っています。

今となっては暮らしの必需品になりつつありますが、以前の私なら絶対に買っていません。なぜなら、どう使えば良いか分からないから。

ワセリンは医療現場でも採用される混じりっ気のないピュアなクリームです。化粧水や美容液のように肌へ浸透はしません。それ故に様々なシーンで使うことができるオールマイティーな保湿剤でした。

そして、**用途が多ければ多いほど、その製品名は素材の名称に近づくことにも気づかせてくれました。**

カレーを作るとき、カレールーを買います。カーペットを掃除するとき、カーペットクリーナーを買います。商品名に使いみちや完成形の状態が含まれている物は、使い方や目的がひと目で想像でき、誰しもが手に取りやすくなっています。

一方ワセリンはその素材自体を表す名称なので、無知な私にはどう使えばよいか検討が

小さな容器につめかえて携帯しています。

つかず、実生活とは無縁なものと思い込んでいました。

ところが、無添加でかつ肌を保護でき、猫にも無害な物がほしいとなれば、結局たどり着いたのはワセリンで――。

これをきっかけに、素材そのものが商品名となっている物を意識して取り入れたいという思いが湧き上がりました。ワセリンを皮切りに、一気に暮らしのシンプル化が加速した気がしています。

SALT
FLOUR
SUGAR
STARCH
Freshlok TAKEYA

7

物選びのルール

新品と中古品の使い分け

私の持ち物には中古品・ユーズド品がたくさんあります。MacBook、iPhone、iPad、空気清浄機、服、参考書。そして私が住んでいるこの分譲マンションも、リノベーションを施して再販された中古品。人生においておそらく一番高い買い物で、中古という選択をしました。

中古・ユーズドを選ぶ基準はいくつかあります。まずは**衛生・健康に影響が出ないもの**。食品は中古で買うわけにはいきませんし、肌着や化粧品も避ける品目です。

次に**リセールバリュー**。自分が再販する場合の手間と売却益が見合っているか。不動産や家電・大型家具の処分には利益どころか費用がかかるケースもあります。再々販と処分、それぞれの手間と利益のバランスを考えて、新品か中古かを選択します。

例えば資格の参考書。メジャーな資格になるほど数年落ちでも買い手がつきます。きちんと知識を身につけて資格を取得できれば、手元に本を残す必要はなくなります。社会人になってから国家資格も含めいくつかの資格試験に挑《いど》みましたが、どれも参考書は中古で

十分でした。

生活家電のいくつかも中古です。iPhoneは同じ機種を2度買いました。容量不足を感じた際に最新機種へ乗り変えることもできましたが、機能には満足していたので2年落ちの中古を購入。もうすぐ2年目を迎えます。

MacBookを初めて手にしたのは2016年の春。きっかけはスマートフォンでした。iPhoneを使い始めてその快適さに気づかされた私は、一切の躊躇なくWindowsからmacOSに買い替えました。あれから約4年が経ちます。

選んだのは2012年製MacBook Air。起動が早い、マウスが要らない（＝トラックパッドが便利）、動作がスムーズ、小さく軽い、書き込みが早い。発売から8年を経過したパソコンがまだまだ現役、不満なく快適に使えることに感動を覚えます。それ以前のパソコンは2年も経つと急にフリーズしたり、動作が不安定になることが当たり前でした。

パソコンの買い換え歴は、デスクトップPCに始まり、ノートパソコンを3台、その後タブレットPCにチャレンジするも合わず、現在のMacBook Air11に。この中で最も使用年数が長いのが現役のMacBook Airです。更に加えると、2016年に中古で購入したので発売からの4年間はどんな使われ方だったのか分かりません。それでも職場で与えられた新品のノートPCより8歳のMacBookの方が私には快適です。いつまで使うのかと聞かれたら、OSのサポートが終わるまで。

iPhoneもMacBookも、〝使い続けたい〟という思いに応えてくれる製品です。ハードが丈夫で、十分なサポートがあり、劣化スピードが緩やか。

バッテリーとACケーブルだけは傷んできますが、外へ持ち出す用途のない私には問題なし。**あらゆる分野で、〝長く愛せる物〟づくりがこれからのスタンダードになってほしいと願います。**

お試しサイズと大容量

化粧品や使い捨ての掃除用品などの消耗品。必要な分だけ少量ずつ購入するか、大容量の物やまとめ買いをするかは好みが分かれます。どちらを選ぶかは、その商品との付き合いの長さで決めています。

何度も使って使用感が分かっている製品、つまり、リピート購入であれば包装の少ない大容量品がエコでお得。ゴミや買い物の手間を減らすために大容量を買います。

一方、初めて手に取る製品に関してはまず少量品を探します。使ってみてトラブルなく自分に合えば、はじめから大容量品にすればよかったと感じることもあります。

でも万が一合わなかった場合、大量に残った物を捨ててしまうのはもってのほかですし、不便に思いながら使い切るのもムダなストレスになります。

はじめてのお付き合いとなるチャレンジ品は、総合的にみて少量からを心がけています。

グレードとオプションの選び方

機能の有無によっていくつかの製品グレードがある場合は、たとえ予算オーバーでも欲しいと思える機能がすべて揃ったグレードを選びます。

数千円安いことを理由に、下位グレードを選んだ場合、その使い心地が気に入るほどに後悔する場面が多いはず。使うたびに高性能な方を買えばよかったと何度も後悔したり、結局倍以上の費用を使って買い替えたりと良いことがありません。これは過去の経験から十分すぎるほど学びました。

パーツやアクセサリなど追加で手に入るオプション差の場合は、逆に最小限にします。実際に使ってみて追加で欲しいと具体的に感じてから購入すれば無駄なゴミを生まず、お金も無駄になりません。セット価格で安くオプションパーツが買えたとしても、**使わなければお金を捨てたのと同じ。**せっかくならセットで——という損得勘定は捨てました。

パーツ類は最小限、後付けできない機能・性能差がある場合は上位機種を選ぶこと。**良い物を、適量だけ、長く使う。**自分にも環境にも優しい選び方を目指しています。

選ぶ楽しさと選ばない安心

乾燥の季節は、食器洗いの後に手肌がつっぱる感じがあります。過去の私ならハンドクリームを求めて百貨店やドラッグストアを探索していましたが、今はしなくなりました。コロナ禍が理由ではなく、愛用品が決まっているので選ぶ必要がないということ。

老若男女、動物にも、傷口のケアにも使える保湿剤ワセリン。一年を通して肌ケアに使っているので、慌てて買いに走ることもなくなりました。普段はスキンケアの仕上げやリップクリームとして。かさぶたができそうな怪我をしたときは、傷口にワセリンをたっぷり塗って傷跡を残さない湿潤治療。そして秋冬はハンドケアに。

しっかり保護してくれますが、化粧品のように潤いをプラスする作用はありません。

そこでワセリンを使い始めてからは、肌や体の潤いのために意識的に水を飲むようにしています。

外側からのアクションよりも、内側からのアクション。

体は食べたものから作られている——潤いが欲しいなら高級な化粧品よりもこまめな水分補給、トラブル知らずのきれいな肌がほしいなら十分な栄養を。そんな考えに変わってきました。

買わない消耗品

新型コロナウィルスが日本を襲う少し前の1月、当時インフルエンザ流行を前にして一つ手放したものがあります。それは薬用のハンドソープ。手洗いはどうするのかというと、別の物で補っています。

洗面ボウルの隣には泡で出るポンプが1つ。風邪や感染症予防に手洗いの回数が増える季節は、乾燥することも相まって、どうしても手が荒れ気味です。

ある日ふと、洗浄能力の高いハンドソープが肌の負担になっているのでは、と思うようになりました。昔ながらの固形石鹸にしようかなと考えたところで、ハンドソープのそもその必要性を調べることにしました。そんな経緯から私が出した結論は、手指をボロボロにしてまで抗菌・殺菌など特別な効果を求める必要はない――石鹸でよくもみ洗いして流水ですすげば十分、と考えました。早速ボディーソープを希釈して、泡で出るポンプへ詰め替え。肌への刺激を抑えながら、たっぷりの泡で洗う環境が整いました。

手荒れの心配がなくなり、しっかりと泡が行き渡る量を使うようになりました。水で希釈することで劣化が早まるので、短期間で使い切れるように補充は少量ずつにしています。殺菌や滅菌などの付加価値よりも、正しく洗うことに重要性を感じました（手洗いがうまくできないお子さんや免疫力が弱っている人が使うなら、抗菌や殺菌効果のある物を選びたいと思います）。

今でこそスタンダードになりましたが、ハンドソープをやめると決めた際に、厚労省やWHOが推奨する手洗い方法を探して20秒洗いを知りました。ちなみに、洗っている最中は頭の中で「きらきら星」を歌います。「きらきら星」は1曲がだいたい15〜20秒だそうで、これに合わせて洗うことをすすめている記事や広報を見て取り入れています。

「専用のもの」が当たり前に流通していると、何も考えることなく消費活動を行ってしまいます。たとえばフローリングの掃除道具。フローリングワイパーや専用のシートがありますが、雑巾だってタオルだって、着古した服や端切れだって使えます。二次加工・三次加工が施された製品よりも、素材そのものに近づくにつれて用途の幅はどんどん広がり、様々な事象の受け皿になり得る。

凝り固まった頭を柔軟に、自分に必要な物を見極められる目を養えば、シンプル化は加速してゆきます。

包丁から教わったこと

どんなに良い包丁を買っても、切れ味は少しずつ落ちてしまいます。気休め程度に時折シャープナーで研《と》いでいましたが劇的な変化はなく、刃こぼれが増える一方でした。

愛猫の手作りごはんに鶏皮や軟骨を扱うようになって切れにくさが際立ち、10年使った包丁もいよいよ買い替えることにしました。

とはいえ、買い直してもいずれ切れ味は悪くなる運命。ならば自分で研げるようになりたいと思い、包丁と一緒に砥石も購入しました。お別れする包丁は、研ぎ方の練習台に使ってから処分することに。

YouTubeで研ぎ方を学んで早速取り掛かると、ものの数分で刃こぼれが消えました。うれしくなって全体をしっかり研ぐと、まるで新品のような切れ味——これはもう、買い換える必要はなかったのでは？　という状態。包丁を何度も往復させて切っていた鶏皮が、スルッと1ストロークで切れるまでに。

不器用なのでダメ元でたくさん練習するつもりでしたが、自分にとって必要な技術はあっけなく手に入りました。プロの料理人や鍛冶職人からすれば全然なっていないと思いますが、私の自炊環境には十分すぎる仕上がり。あまりによく切れるので、新品の包丁をほったらかして1ヶ月ほど使いました。

新しく購入した包丁はオールステンレスのペティナイフ。こまめに研ぎながら大切に使っています。

家事レベルの飛躍的な成長に心躍った一幕でした。

1箇所に収納する物たち

少ない物で生活するようになると、買い物の頻度は下がります。そんな中でも購入する機会が多く訪れるのは、シャンプーの詰め替えなどの消耗品類。

これら消耗品は、使う場所やカテゴリーに関係なく一箇所に集めています。私が置いている場所は洗面所の収納庫。シャンプーとリンス、歯ブラシ、歯磨き粉、化粧水、フェイスパウダー、ティッシュ、洗濯洗剤、漂白剤、コンタクトレンズの洗浄液、トイレットペーパーなど。洗剤がなくなれば、たとえ予備の保管場所が遠かろうが、継ぎ足さなければ生活が滞《とどこお》ります。一方で「予備の買い足し」は、残量が完全に底をつくまで、しばらく先延ばしできてしまいます。

ボトルへの詰め替え作業を忘れることはあり得ませんが、買い忘れは度々起こります。それなら詰め替えよりも買い足しが楽になる仕組みを優先すべきだと気付いて、そのために消耗品を一箇所に集めるようになりました。収納ケースなどは使わず、商品ディスプレイのようにズラッと並べています。ひと目で足りないものが分かり、通販などで買う場合も注文忘れがなくなりました。

自分が苦手な作業や動作をカバーする家づくりで、暮らし上手に。

妥協の先にある2つの結果

この欠点さえなければ完璧なのに――そう思う品は、絶対に選びません。そこに見えている欠点は、必ず他のメリットを全て台無しにしてしまうからです。

サイズもデザインも理想通り！　でも、すごく重たいバッグ。買ってしまえば、自分を言いくるめて・無理をして使いはじめます。でもいつかその重さに耐えられなくなって新しいバッグを買い求める姿は目に見えています。

妥協とは自分に嘘をつくこと。嘘をつき続ける生活は、快適とは真逆のところにありました。

妥協の中でも、金額に関しては事情が違います。欲しい物と出会った時、「もうすこし安ければ」と思ったのなら、欲しい気持ちを見直すチャンスです。安ければ買おうと思うのであれば、そもそもの必要性や欲しい気持ちも大したボリュームではないのでは？と。金額を理由に妥協するくらいなら、買わない方を選ぶようにしています。

買い物と旅行の共通点

旅行は準備をしている時間が一番楽しいと言われることがあります。きっと感動的な景色が見られるだろう、どんな美味しいものが食べられるだろう、どんなすてきな出会いがあるだろう――。

旅行準備でネガティブな発想が浮かぶことは殆どなく、思いつく限りのポジティブで明るい未来を予想します。

けれど実際に行動に移すと、良いことばかりではなくマイナスな結果にも遭遇します。移動時間ばかりで体が辛かった、景色が写真と全然違った、郷土料理が口に合わなかった――。

そんな行き違いから、「良い想像ばかりで埋め尽くされた準備時間」が最も楽しかったと揶揄《やゆ》されてしまうのではないでしょうか。

それは買い物にも通じていると思います。物が欲しくなった時は、これを手に入れれば私の暮らしが良くなる、と、ポジティブに上手くいく未来ばかりが浮かびます。でも期待したような劇的な効果を得られるケースはめったになく、買い物のワクワク感とは到底釣り合わない陳腐な物だけが手元に残っています。

そんな失敗は、徹底的に未来を予想することで少しずつ減ってきました。日々の手入れは簡単？　収納場所はある？　何年使える？　捨て方は？　１００％使いこなせる？　等々。

大きな買い物の場合は、実際に生活の動線に組み込んで、数日かけてシミュレーションをすることもあります。

イメージの精度が上がれば、買った後の後悔は減ってゆきます。

所有する基準、手放す基準

わが家の寝具はダブルサイズ。猫と一緒にゆったり眠るため、寝具は大きいものを使っています。

さらに、一人暮らしですが掛け布団は2枚あります。敷き布団はなく、来客用ではありません。ペット（猫）を飼っていると思いがけないタイミングで汚れることがあるので、洗い替えとして所有しています。

有り難いことにトイレの失敗は過去1度もないのですが、布団の上で毛玉やフードを戻してしまったり、キッチンから食材を盗んできてこっそり食べたり。そんなアクシデントで年に数回は、掛け布団を丸ごと洗う機会が訪れるので、洗える掛け布団を2枚持っています。

私が物を減らし始めたきっかけは、「時間が足りない」「暮らしに無駄が多い」と感じたことです。掛け布団が1枚しかなかった頃、猫のイタズラで急遽洗濯を余儀なくされた時は「早く洗って乾かさなければ」と焦ることしかできませんでした。慌てているので汚れが落としきれず二度手間になったことも。今は、予備の布団があるから明日ゆっくり洗濯しよう、という時間と心の余裕があります。

少し目線を変えて、キッチンの話。カップ、プレート、ボウル、カトラリーはそれぞれ1つで十分です。なぜなら、食器は汚れても洗って拭けばすぐに使える。とても単純な理由です。

もしも――が頭に浮かんで捨てられない時、**リカバーするのにどれだけの労力や費用を要するかまで考える**ようにしています。

例えば冠婚葬祭の物。結婚式やパーティー参列のための衣装は持っていません。事前にご招待の連絡をいただくのが基本なので、無理なくレンタルで用意することができます。季節や式のタイプ、自分の年齢や主催者との関係性によって必要な衣装が変わるので、お気に入りの1着を持っていたとしても全部はカバーできないと思っています。都度レンタルで選び直す方を選択しました。

一方、弔事用の礼服は持っています。お悔やみ事はいつ必要になるか予想がたつものではなく、流行《はや》り廃《すた》りもありません。体型が変わらない限り、ずっと同じものを着られます。レンタルを利用しようにも、訃報を聞いた後では気もそぞろで手間取ると思うので、所有

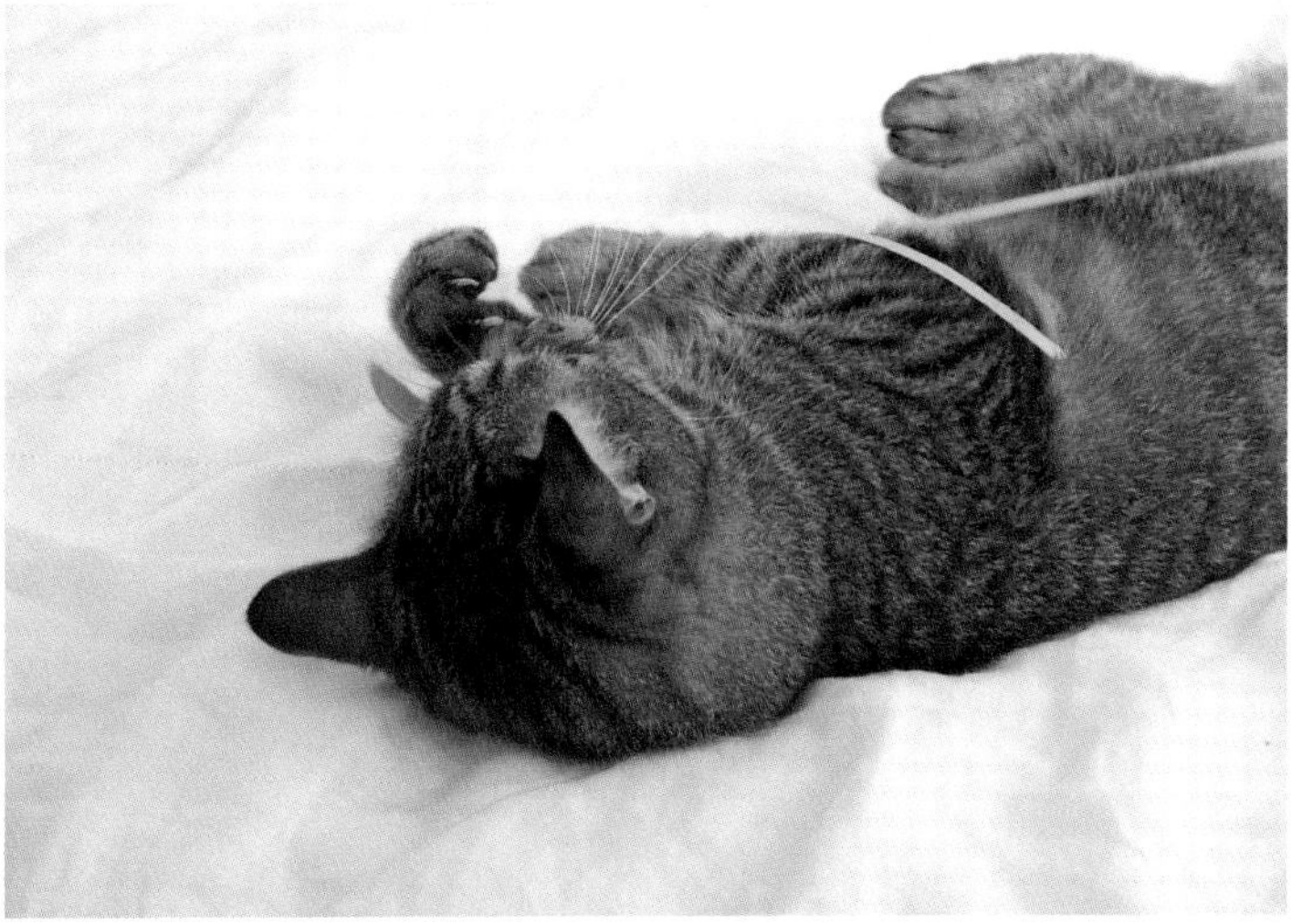

する方を選びました。

持ち物の見直しをする時は「もしも」や「いつか」が起こるかどうかではなく、その少し先までイメージすることを心がけています。

すぐに手に入る？　費用は捻出できる？　周囲や生活に影響は？

資源や費用を無駄にしないように、一つ一つと向き合って選択することが大切です。

選ぶことで減らせるもの

デイリーユースの鞄はショルダーバッグです。私にしては珍しい一目惚れでした。大きさ・軽さ・シルエットどれをとっても理想的で、思わずその日のうちに購入しました。

そのショルダーバッグは、2年前に使っていたバッグとほぼ同じサイズです。大きさもデザインも気に入っていましたが、チェーンのショルダーストラップに不快感を覚えるようになり、手放してしまいました。今考えるとショルダー部分だけ替えるという手もあったのですが、当時は頭が回らず。

今回手にとったバッグとサイズ感が酷似しているので、手放す前にもっとよく考えていれば安易に破棄することなく今でも使っていたかもしれません。直感や一目惚れでの行動は、良くも悪くもその瞬間の気持ちに素直なのだと思います。

踏み出す前に一呼吸おいて、**「なぜそうしたいのか」「なぜそれを選ぶのか」**を自分に問いかけて、無意識下にある理想像や行動原理を知ってゆきたいと思います。

COACH

Twist-up Eyebrow with Spiral Brush

8

引き算の美容

ミニマルな基礎化粧品

防災リュックに1つ化粧品を入れています。化粧水・乳液・UVケアが一体になったオールインワンローション。非常時用としてこの化粧水を採用するにあたり、事前に使用感を知っておこうと1ヶ月ほど試すことにしました。

それまでは5倍ほどの価格の他社の化粧水と乳液を使っていましたが、このローションに変えてからも私の肌は荒れることなく、普段と変わらぬ健やかさでした。それどころか、2つのアイテムを使い分けず、これ1つで完結する手軽さが生まれました。まさか防災準備がきっかけで、基礎化粧品が1つに。

うすうす気づき始めていた、安物買いに対する引け目。値段はいくら？　メジャーなブランド？　世間に評価されている？　――SNS全盛期の今、そんな観点で物を選ぶ感覚が染み付いてしまったように感じます。

ブランドのバッグを持ち、百貨店のコスメを使い、週末には眺めの良いレストランでディ

ナーを食べる。そんな見せかけばかりの大人像がありました。どんなに高級な美容液を使おうとも、自分の肌が荒れていれば何の価値もなく。高級ブランドを身にまとっても、爪や髪がボロボロではみすぼらしい。

私が思う「物の価値」とは、それ自体の値段ではなく、自分に対してどんな効果をもたらし、どれだけ良い状態へ導いてくれるかという点です。

金額や流行・口コミにとらわれず、自分が求める品質の物を、過不足のない分量だけにする。そんな判断基準を忘れず持ち続けることが大切だと思っています。

悩みと向き合える小さな暮らし

スキンケアを変えた際、自分の肌を普段よりもよく観察する日が続きました。運が良いことに私の肌は調子を崩すことなくオールインワンへ移行できたのですが、まじまじと観察することで、これまでは気にしていなかった肌トラブルに目が行くようになりました。

10代の頃悩まされたニキビも今はすっかり治りました。肌の凹凸は解消されたものの、ニキビ由来の赤みだけがポツンと残っています。大したことないと気に留めていませんでしたが、ベースがシンプルになったことでポイントケアに取り組む余裕が生まれました。

まずは続けられることを目標に、ロングセラーの収れん化粧水を1つ購入。気になる場所へぽんぽんと叩き込むと、ひんやりと引き締まり、サラサラの肌になります。皮脂を抑える効果もあるそうなので、Tゾーンと小鼻へもさっとなじませます。

およそ1ヶ月続けてボトルの残量は3分の2ほど。気になっていた肌の赤みは完全に消えるまでには至らないものの、コンシーラーを使う必要はなくなりました。日中のテカリも解消し、以前よりメイクが崩れにくくなる副産物も。

この肌質改善にかかった費用はわずか400円。改めてロングセラーの所以《ゆえん》と偉大さを知り、継続できるハードル設定の大切さ、過剰な最新技術や付帯効果は必要ないという考えも強まりました。輝かしいネームバリューと多彩な機能を備えた物よりも、必要な機能を持ったシンプルな1点。

数や表面だけの小さな暮らしを求めていくと、物の中に悪があるような思い込みが生まれます。でもそれらの物や商品たちは、誰かの悩みを解消するために作られたはず。

自分に何が必要かを理解しないまま多すぎる物を手にする行為にこそ、悪が潜んでいます。

使いやすさは後回し

1つになった基礎化粧品とポイントケア。どちらもお試しの1ヶ月間は商品ボトルのまま使っていました。

購入後すぐに、詰め替えたほうが使いやすいと気づいてはいました。洗面室の美観を整えたい気持ちもあります。それでも1ヶ月以上実行に移さなかったのは、その物自体が自分にとって必要なものかという判断を待っていたため。もし期待したような効果が得られなければ、商品はもちろん詰め替え容器も用途がなくなり、ゴミとなってしまいます。資源を無駄にしないためにも、形から入りそうになる気持ちをグッと堪《こら》えます。

最終的には、オールインワン化粧水はポンプ容器へ、使用前に振り混ぜる必要のある収れん化粧水はプッシュボトルに詰め替えました。毎日使うもので、その使用量も一定。片手で扱えるポンプ容器がいちばんシンプルです。

加減しながらボトルを傾けて、汚れを拭いてからキャップを閉める。**毎日積み重なる小さな手間を手放しました。**

ロングヘアとシンプルなシャンプー

みぞおちまで伸ばしたロングヘアを維持しています。この長さで整えているのは理由があります。クセが強くボリューム過多、ハリがありすぎという髪質。肩より短くすると、四方八方へ広がってしまいます。そのため矯正も併用しつつ、髪に長さをもたせて重力で落ち着かせています。

そんな髪質のため、ヘアケア製品は多くを持たない事や管理のシンプルさを度外視して、仕上がりの満足度を突き詰める数少ないカテゴリーの一つです。そこで、アイテム数以外の部分を減らすために動物実験フリーで製造されている、植物由来の石鹸シャンプーを使い始めました。

私が減らした「数以外の部分」とは、過剰なプラスチック包装や、森林伐採といった環境負荷問題です。化粧品としての使用感や価格だけでなく、ＲＳＰＯ（持続可能なパーム油のための円卓会議）加盟企業という点も条件にして選びました。現在は、髪から顔、体、日々の手洗いまでこの全身シャンプー一つです。

物の数は変わらなくても、頭の片隅に積もっていた環境破壊への後ろめたさを手放すことができました。機能性だけでなく、製造過程や企業の想いまでも納得できる選び方に、少しずつ踏み出しています。

8つのコスメ

学生の頃はニキビに悩まされました。アクネケアを謳《うた》う化粧品を手当たり次第に試し、皮膚科にも通いましたが改善せず、学生生活を終えて社会に出るといつのまにか解消していきました。

そんな肌経歴があるため、いかに肌荒れを隠すかがメイクの主たる目的となってしまい、長いこと厚化粧を続けてきました。

とある日の仕事帰り、崩れた厚化粧の自分を鏡越しに見て、**もうメイクは薄付きでいいのだと気づきました。**

ベースメイクはスポンジをやめてブラシでふんわり乗せるだけ、アイシャドウは濃いブラウンから淡い血色カラーへ。

日々使っているメイク道具は6つになりました。

①化粧下地
②フェイスパウダー
③フェイスカラー（チーク兼アイシャドウ）
④アイブロウペンシル
⑤アイブロウパウダー
⑥ブラシ４本

対面での打ち合わせなどがある日は、
⑦ビューラー　と、
⑧マスカラ
でアイメイクをプラスします。

リップクリームにはワセリンを使い、色を乗せることはしていません。

表面を取り繕うメイクを卒業して、内側から健やかな肌や髪を育てる美容にシフトしています。

何年も変わらぬ指先

1ヶ月に1度、ジェルネイルを直します。中学生の頃にネイルアートと出会って以来、今でも続いている趣味の1つです。

ここ数年は凝ったアートをしないシンプルなデザインにしています。指先から5ミリほどの長さに揃えて、グラデーションカラーで生え際《は》はすっきりとクリアに。清潔感を重視しながら、オフィスでも悪目立ちしないピンクベージュで、さり気ない可愛さを楽しんでいます。

このデザインがとても気に入って、飽きることなく何度も繰り返しています。**お気に入りの1つがあれば、他の選択肢はあっさりと手放せる。**指先にまでシンプルに暮らす・定番化する良さが行き渡った感じです。

気がつけば1年以上もの間、同じカラーしか使っていなかったので、眠っていたネイルアイテムを手放しました。20色ほどあったほぼ未使用のカラージェルは、フリマアプリに出すとすぐに購入されました。

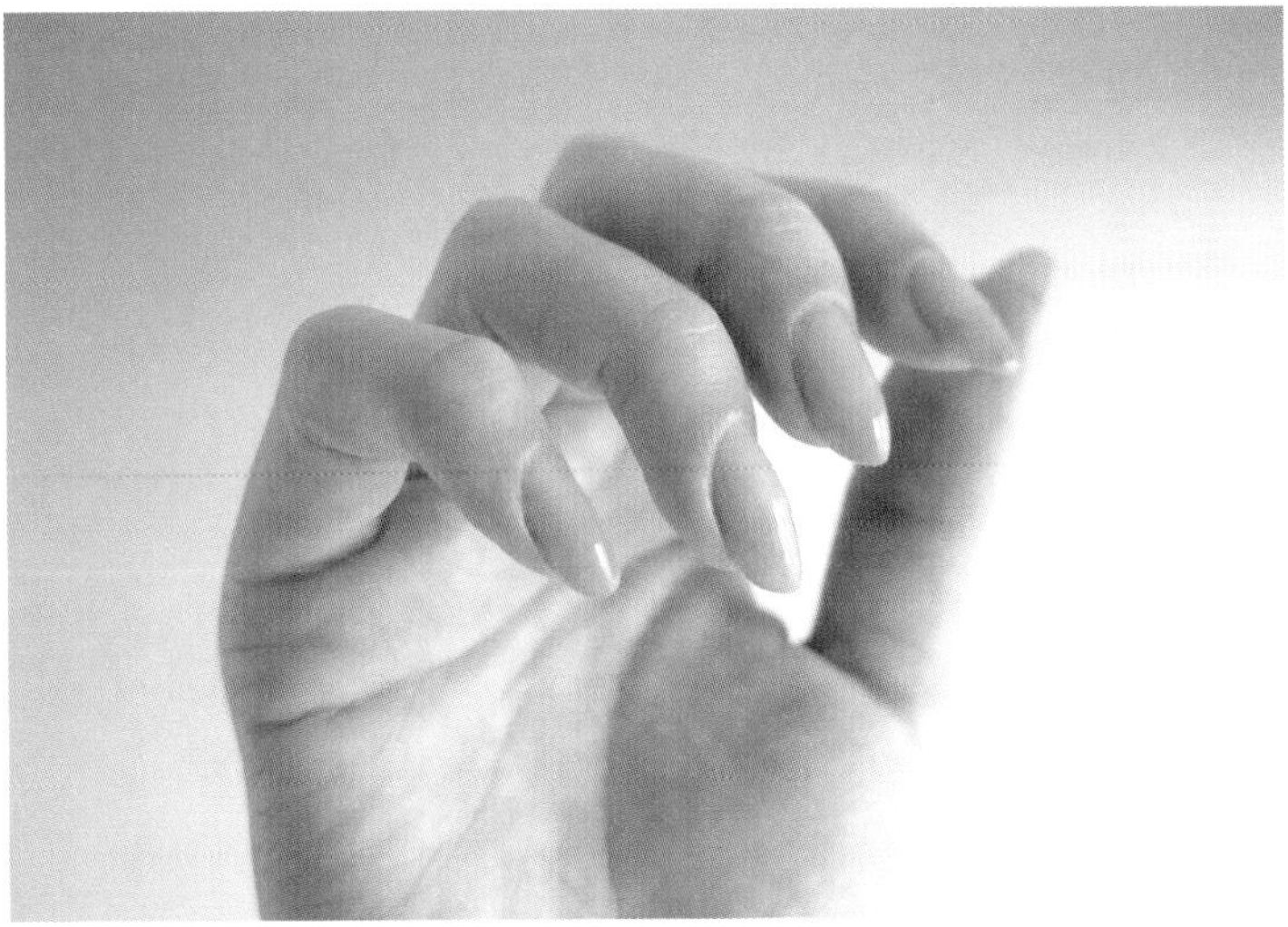

TPOを選ばないシンプルなデザイン。

「いつか」のことは自分自身でもわからないけれど、「今」の気持ちははっきりしています。好みや気持ちはふとした拍子に変わってしまうかもしれません。でも、いつか気持ちが変わるからと毎日の幸せを50%で諦めることの方がもったいないと考えるようになりました。

今の自分をないがしろにして50%の満足度の物をたくさん持つより、今の私が100%満足できるものを1つだけ選び取る。**自分自身を深く知る**ことで、必然的に物は減っていきました。

変わらぬ指先と選択肢の誘惑

指が短いこと・爪が小さいことがコンプレックスで、すらっと見える長めのネイルを好んでいました。そんな私でも、短く切りそろえた期間があります。

猫の投薬が必要になり、一時的にロングネイルをお休みしました。猫へ薬を飲ませる際は指を口の奥まで入れて、舌の付け根付近で錠剤を落とす必要があります。10年間猫と暮らしてきましたが投薬は初めて。長い爪で口内を傷つけないか不安になり、投薬に慣れるまでは短く整えることにしました。ネイルも好きですが猫はもっと好きなので、天秤にかけるまでもありません。

久しぶりに短くしたので、更に思い切ってクリアでもと見比べて見ましたが、今はグラデーションのデザインがしっくりきます。

優柔不断な私の場合、こうやって環境が選択肢を狭めてくれると、すんなりベストな状態に落ち着けます。ただし、与えられた環境と自分の感情のバランスをきちんと俯瞰で見

ネイルカラーは1色のみ。

極めることが大切。

生活の中には選択肢が溢れていて、「損をしたくない」「多数の支持を得られている」といった相対的な視点から選ぶことがしばしばありました。**今となっては、自分の人生を他人の価値観で決めてきたことに大きな後悔を感じています。**

人からの評価を気にして手に入れた物たちは、もうほとんど手元に残っていません。

自分のためにしたいこと、他者のためにしたいことをしっかり線引きして、後悔のない選択肢を見極められる力が、より良い暮らしへ導いてくれます。

ヘアケアはオイル1つ

ヘアオイルにホホバオイルを使っています。

ヘアケア用品、特にトリートメントには「修復」「補修」という言葉をよく目にします。以前の私はこの甘い言葉を過信しすぎていました。

虫歯はどれだけ歯磨きをしようが治らない。割れた爪、欠けた爪にオイルや軟膏を塗っても治らない。ならば傷んだ髪も元には戻らないはずなのに、現実から目をそらし、甘い言葉に溺れていました。

歯磨きは健康な状態を「維持」するためのもので、治療ではないこと。ネイルケアは新たに伸びる部分へのアプローチであって、既に発生したトラブルを治すものではないこと。ヘアケアも、傷んだ髪を治すためではないこと。

美容室で何度も言われた「**スペシャルケアより日頃のケアが大事**」という言葉が突然腑《ふ》に落ち、補修効果に依存することを止めました。

乾燥させないこと、ブラシは毛先から通すこと、タオルでこすらないこと。日頃の扱いを改めれば、髪の傷むスピードは緩《ゆる》やかになっていきました。

そしてヘアケアは余計な成分が入っていないシンプルなオイル1つに。強力な保護と保湿、ゴワつき・パサつきとボリュームを抑えてくれるスタイリング効果。

雨続きでもしっとりまとまっているのが心底嬉しくなります。

バスローブのすすめ

じっくりと湯船に浸かり、からだ中の疲れが解《ほぐ》れていくのを感じるバスタイムが大好き――ですが、バスルームを出た途端そこは戦場。スキンケアとヘアケアは時間勝負です。そんな戦いの最中にどんな格好でいればいいのかが小さな悩みでした。バスタオル1枚で長々と過ごすわけにもいかず、かと言ってすぐにパジャマを着ると髪から落ちる滴《しずく》で濡れたり、ボディクリームがついてしまったり、いい気分とは言えない。

それらを解消すべくバスローブを使っています。浴室を出たらすぐにバスローブを羽織り、長い髪はフードの中へ。こうすれば肩や背中、脱衣所の床も濡らしません。湯上がりにすぐ全身を包むことができるので、タオルで拭き取る場合と違って寒い時期も湯冷めの心配がなくなりました。

顔と髪の拭き取りにはフェイスタオルを使います。朝の洗顔に使ったタオルが夜には乾いているので使用量は1日1枚。長くて重いバスタオルで髪の水分を取るのはとても大変

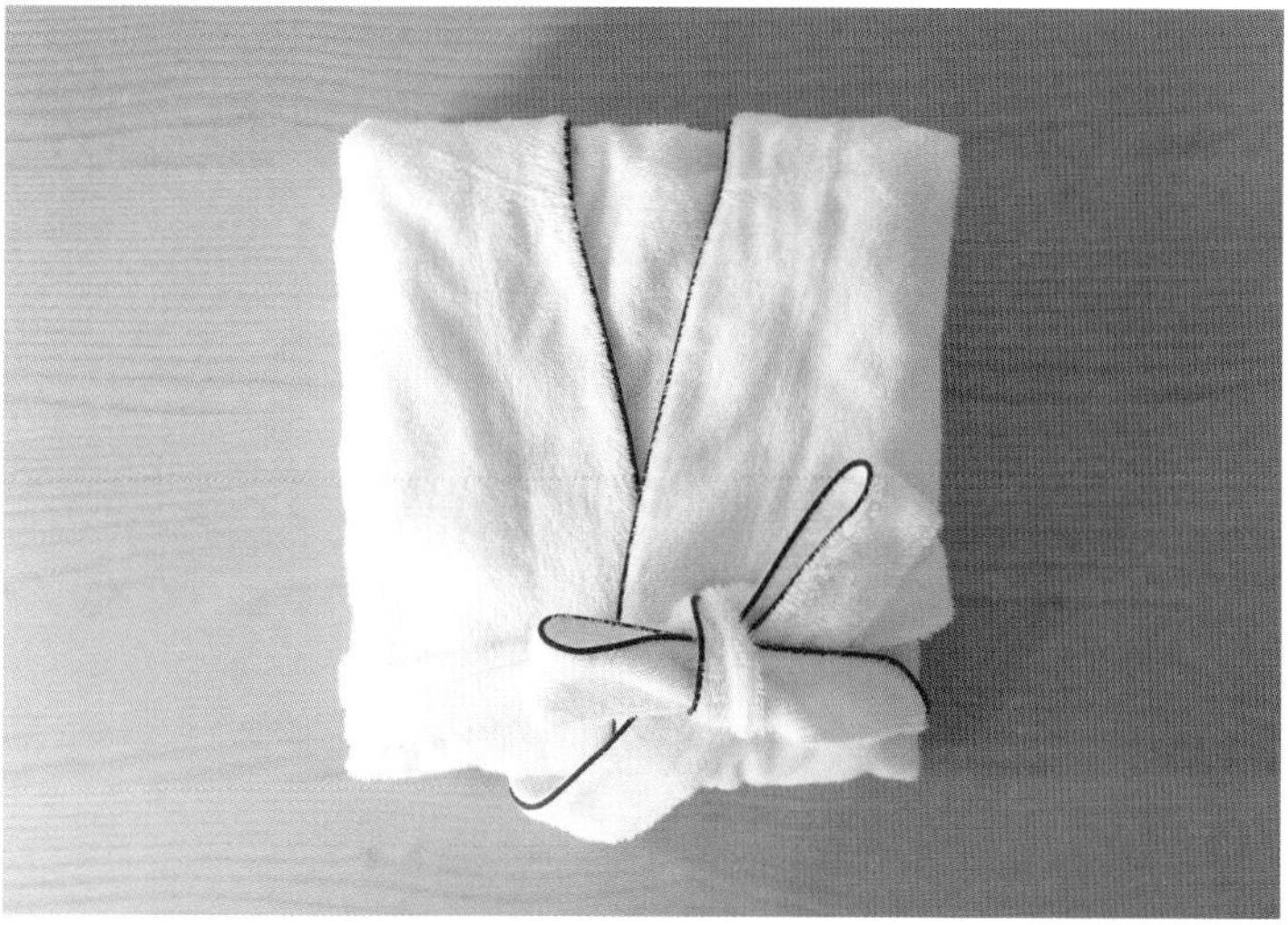

ロングヘアもすっぽり包むフード付きのバスローブ。

でしたが、それを疑問に感じていなかった自分に今更驚きます。

　バスローブは清潔な体に30分ほど羽織るだけなので、洗濯は1週間に1回程度で良いそうです。夏場は汗をかくことも考えて1週間に2〜3回。冬場は1週間に1回以上を目安にしていますが、寝室の乾燥が気になる時はあえて洗濯してベッドの近くに干し、加湿器代わりにしています。

　すべてのケアが終わって体の火照《ほて》りも治まった頃に着替えるパジャマはサラッと気持ちよく、良質な睡眠にも繋がっているように感じます。

9

減らす、やめる

記憶は不要品を知っている

私が行っている持ち物の見直し方法です。まず紙とペン（またはスマホやパソコンの文書ソフト）を用意します。そして見直したい部屋や空間を1つ決めます。玄関、寝室、キッチンの引き出し、衣装ケース1段分など。

洗面室の例で説明します。見直すと言っても、まだ洗面室には行きません。**記憶だけを頼りに、先程用意したツールでその場所に置いてある物をすべて書き出していきます。**物の名称の他に、メーカー（ブランド）も思い出せる限り書きます。

合計62点、時間にして約10分ほどで書き終えました。全て出揃ったと思ったら、洗面室へ移動して答え合わせをします。

書き出したリストと実際の物と照らし合わせてみると、思い出せなかった物がいくつかありました。記憶に残っていないということは、日ごろ使っていない不要品のサイン。今が手放し時です。存在を全く覚えていなかった、目の洗浄剤やロールブラシ、不要な空き箱は5つもありました。こうやって記憶からあぶれた数々を目《ま》の当たりにする度に、気が引き締まります。

次に、メーカー（ブランド）が思い出せなかった物について。日々使ってはいるものの、その場しのぎの中途半端な物だったり、不満から目をそらしている物かもしれません。今回の例ではアイシャドウのメーカーが思い出せませんでした。毎日使ってはいるけれど、「またリピートしたい」と言えるほどの愛着はない、まさに図星の結果でした。

こういった場合、同じ用途の物を複数持っているのであれば、中途半端な物は手放して、1番気に入っている1つを残します。もともと1点しか持っていない物であれば、次はベストな物に巡り合えるように、不満点をきちんと洗い出して、買い替えの下調べに取り掛かります。

そして逆に、何気ない商品でも詳細に記憶していた物があります。今回の例では無印良品のかみそりがそれに当たります。折りたたんで刃先を保護して収納できることと、半透明色で清潔感のあるデザインに魅かれて購入しました。他社はなぜかカラフルな商品ばかりなので、これと出合ってからは私の定番品となり、何度もリピート購入しています。グリーンベルのピンセットも、細くて短い逆まつげを抜く際、滑らずしっかりとつまめるのでお気に入り。改めて商品情報を調べてみたら、『驚きの毛抜き』という商品名でした。たしかに今までの人生で一番快適な毛抜きです。

このように商品の特徴をプレゼンできる愛用品が増えてくると暮らしの満足度が上がり、同じ用途の物を複数持つことがなくなります。その快適さを一度味わうと、物を厳選し・減らしていく作業がどんどん楽しくなり、ふと気づけば少ない物で暮らすことが自分のスタンダードに。

自分にとって不要なものは、記憶が知っています。一度お試しください。

減らせる物の見つけ方

名称・呼称を見るだけの簡単な方法で物が減らせます。注目するのは用途を示す単語。

例1　炊飯器：名称には「炊飯」をする器、つまり用途が含まれています。とすると、炊飯器を使わずとも炊飯を可能にする道具があるはずです。それが鍋やフライパン。鍋があれば、炊飯器はなくてもご飯は炊けます。

例2　スライサー・ピーラー（皮むき器）：どちらも用途である「スライスする」「皮をむく」という言葉が含まれています。これらを用いることなく双方を可能にするのが包丁。包丁一つあれば、薄切りも皮むきもできます。

用途が含まれる製品は身近にたくさんあります。フロアワイパー、掃除機、洗濯機、乾燥機、食洗機、マッサージ機、カーペットクリーナー、コーヒーメーカー、鍋つかみ、ホイッパー、ミキサー、ホームベーカリー、サラダスピナー、製氷皿。生き物に欠かせない食の分野では特に多く感じます。

ここで無視できないことは、名称に使いみちが含まれる物はその用途に特化した使い心地であり、作業効率や精度がとても良いということ。

先ほど挙げた物ももちろんですが、例えばホイッパー（泡立て器）。箸やフォークなどを使って撹拌《かくはん》することはできても、泡立てるには相当の時間が必要です。また桶やタライがあれば衣類を洗うことはできますが、全自動洗濯乾燥機を使えば、時間も労力もほとんど伴わず洗濯が可能になります。単一用途の物を全て捨てれば良いわけではなく、自分のライフスタイルに合わせて適度に取り入れる必要があり、その見極めが肝心なポイント。

私はピーラーを所有していますが、所有する理由は人それぞれ。例えば「時短したい」「子供に手伝ってもらうため」「ピーラー野菜のサラダが好き」「不器用で包丁が苦手」「フードロスを減らしたい」など。私は不器用さと食品ロス削減が目的で所有しています。

何を残し、何を減らすか。それは理想の生活像を思い描くことですんなりと決められます。

知らないと増え、理解すると減る

ベッドパッドを2枚捨てました。発熱素材の冬用と、春〜秋まで使っていたパイル生地の各1枚。

猫はグルーミングで飲み込んだ毛玉を消化できず吐き出すことがあります。ベッドで戻してしまうことが度々あり、マットレスまで染み込まないようベッドパッドでカバーしていました。ただ生地が厚いタイプを選んだため、洗濯するのが一苦労。

そんな状態が何年も続いていましたが、ふと水分を吸収するのではなく遮断すれば良いという根本的なことに気が付きました。小さなお子さんがいる家庭ではあたりまえに使われている防水シーツ。扱っているペットショップもあるようですが、シニア犬猫の介護など「おねしょ用」という売り出し方が多く、私の目には留まらないまま年月が過ぎていました。

汚れをマットレスへ移さないだけでなく、ダニも防げるという一石二鳥な防水シーツ。ふかふかのベッドパッドと比べて乾きが早く、収納も省スペースになりました。掃除機をかける対象も1つ減り、いいことづくしです。

少ない物で暮らすためには、まず物の必要性を疑うこと。問題解決のために思いつくまま物を増やすのではなく、問題を理解して最短ルートで対処する。足すばかりの表面的な解決策でなく、「断つ」「やめる」を一考してみると意外な道が開けます。

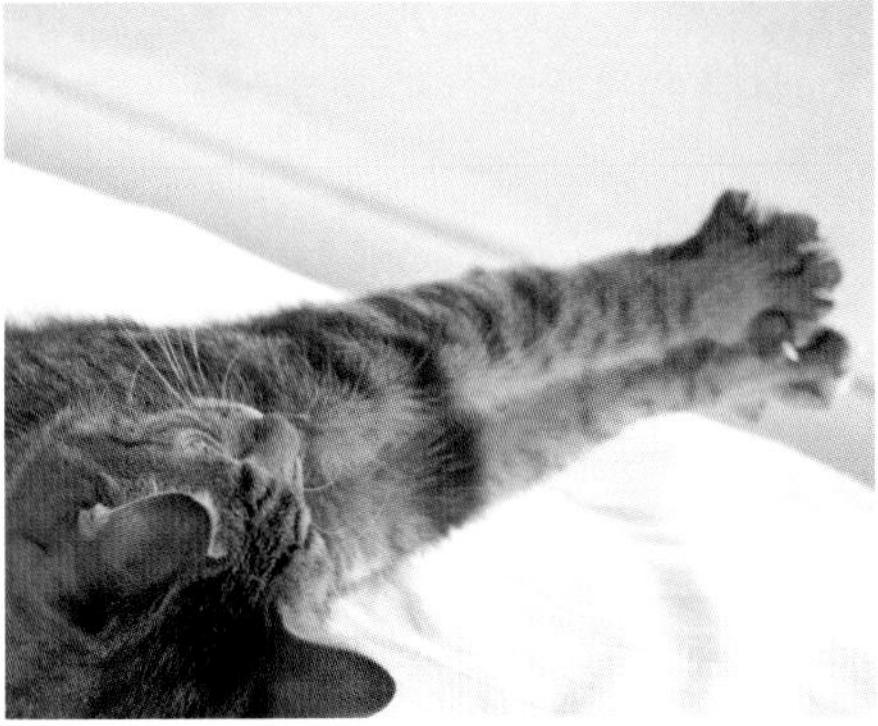

頭の中から捨てたもの

ティータイムに使うのはティーマのカップ&ソーサー。容量220mlのコーヒーカップです。改めて製品のラインナップを見たところこのサイズはソーサーとのセット売りのみのようで、単品で買える300mlマグの利用者のほうが多いようです。私はスープカップとしてワンプレートに重ねて利用できるように小ぶりな220mlを選びました。ソーサーは直径15センチの小皿で使い勝手がよく、買ってよかった物の1つです。

そして**捨てたのはこのカップではなく、思い込みです。**

読書やデスクワークの合間にゆっくり飲み進めるホットココアは、手軽に作れるスティックタイプを使っていました。ところが残り半分ほどのところですっかり冷めてしまうため、そのまま無理やり飲むかレンジで再加熱していたのですが、ふと私にとってはこの半分でちょうど良いのだと気づきました。それからは小分けタイプをやめて大袋を買っています。心置きなく、自分のペースで最後までおいしくいただけるようになりました。

手軽だからと選んだ物が、かえって余計な手間を生んでいました。世間や誰かが提示した「1」が、自分にとっても「1」と思いがちですが、その1が自分にとって「3」でも「10」でもおかしなことではありません。ちょっとした違和感を見過ごさず、不足も余りもない状態に整えることを大切にしています。

捨てないことで得られるもの

持ち物を減らしたいと感じたとき、いきなり捨てずに使わないことから始めます。日々習慣的に使っていた物をやめたり、別のものに代用してみる。

例えば毎日使っていたマッサージツールを箱にしまい、自分の手でやってみる。すると筋肉の付き方やむくみの度合い、冷えている場所や凝っている場所が鮮明にわかり、マッサージの効果がアップするかもしれません。そうなれば捨てることに対する迷いや、捨てた後の後悔もなくなります。

もちろん逆の結果となるケースもあります。カッターナイフを捨てて、ハサミ1つあれば良いのではと思って試しました。ところが通販で届いたダンボールを処理するのにハサミでは到底太刀打ちできず、カッターナイフは元の場所に戻して今後も使うことに決めました。この時、捨てられなかったとマイナスに考えることはありません。物の必要性を改めて認識し、「これは自分に必要だ」と知ることができたことをとても大きな収穫として受け入れます。

何気なく持っていた物たちが、今の生活を支えています。この試みを積み重ねたことで1つ1つの物に対して感謝と愛着を覚え、大切に手入れして管理するように変わってきました。**すると物の寿命は延び、失くす機会も減り、無駄に買い替えることも減ってゆきます。**

数に縛られない〝続けられる〟ルールの決め方

やるべきことに追われない暮らしがしたい！　そうやって出会ったのが断捨離やミニマリズムでした。たくさんの物や考え方を捨てて来ましたが、後悔は残っていません。洋服は◯枚まで、バッグは◯点まで——。そうやって外枠を決めてしまうと、大切なものまで泣く泣く手放すことになってしまいます。好きな物・大切な物の数は十人十色。どんどん増えるかも知れないし、興味が薄れて減っていくかもしれません。私は数を制限するルールを作らず、「大切にできる物だけ」「使っている物だけ」という柔軟な枠組みだけを忠実に守っています。

このルールに従えば興味の薄いジャンルの物はみるみる減り、その一方で**大好きな分野の物が充実して暮らしの満足度が上がりました。**

身軽さや数の少なさだけにフォーカスしすぎると、何も楽しみのない単調な生活に行き着いてしまいます。その人にとっての適正量や数値は、あと付けでこそ意味のある数字になると思っています。

タッパーと保存容器

一人暮らしをはじめてから、プラスチックのタッパーにずいぶん長いことお世話になりました。

作り置きやお弁当箱にちょうど良く、累計20個以上買ったと思います。絶妙なサイズ感とレンジも冷凍も対応という点でとても重宝していました。容器ごと冷凍する〝丸ごと冷凍弁当〟の強い相棒でもあります。

しかし私の使い方が悪く、変形したり蓋が割れてしまったりと、短い期間でその役目を終えてしまうことが徐々に気になりだしました。

何度も買い足すごとに罪悪感が膨らみ、耐久性の高いガラス容器へシフトしてから1年が経ちました。心配していた欠けもヒビもなく、その丈夫さに感動しています。

選んだのはiwakiの「パックぼうる」。シール蓋がついており、保存・調理・食器まで幅広く活用しています。ガラス容器なのでお弁当向きではありませんが、オーブン調理が可

iwakiの「パックぼうる」でつくるマカロニグラタン。

能になりました。

プラスチックに限らず、物を短絡的に消費するサイクルを断ち、1つ1つとじっくり向き合えば、自分にも環境にも優しい生活が待っていました。

減らす理由、選ぶ理由

減らす意識は物以外にも向けています。

ハンドソープに続いて食器用洗剤や衣類洗剤も見直し、過度な洗浄力よりも環境負荷を減らせることが選ぶ基準になりました。

自然環境を脅《おびや》かす成分や素材を避けるだけではなく、積極的な環境保全活動を行っている企業を選ぶことにしました。マイナスをゼロにするのはもちろん、ゼロからプラスへの活動を意識した物選びへ。

何気なく消費している物が、見えないところで誰かを傷つけている。その事実から目を背けない物選びを心がけるようになって、暮らしに余計な物や無駄な消費のサイクルからは自然と遠ざかり始めた気がしています。

日々同じことの繰り返しの中では気付けない、自分の中で重要度の高い物たち。
私の生活は遠く離れた人たちや大きな自然に支えられている。
ミニマリズムはそんな当たり前の事実を思い出させてくれた不思議な存在です。

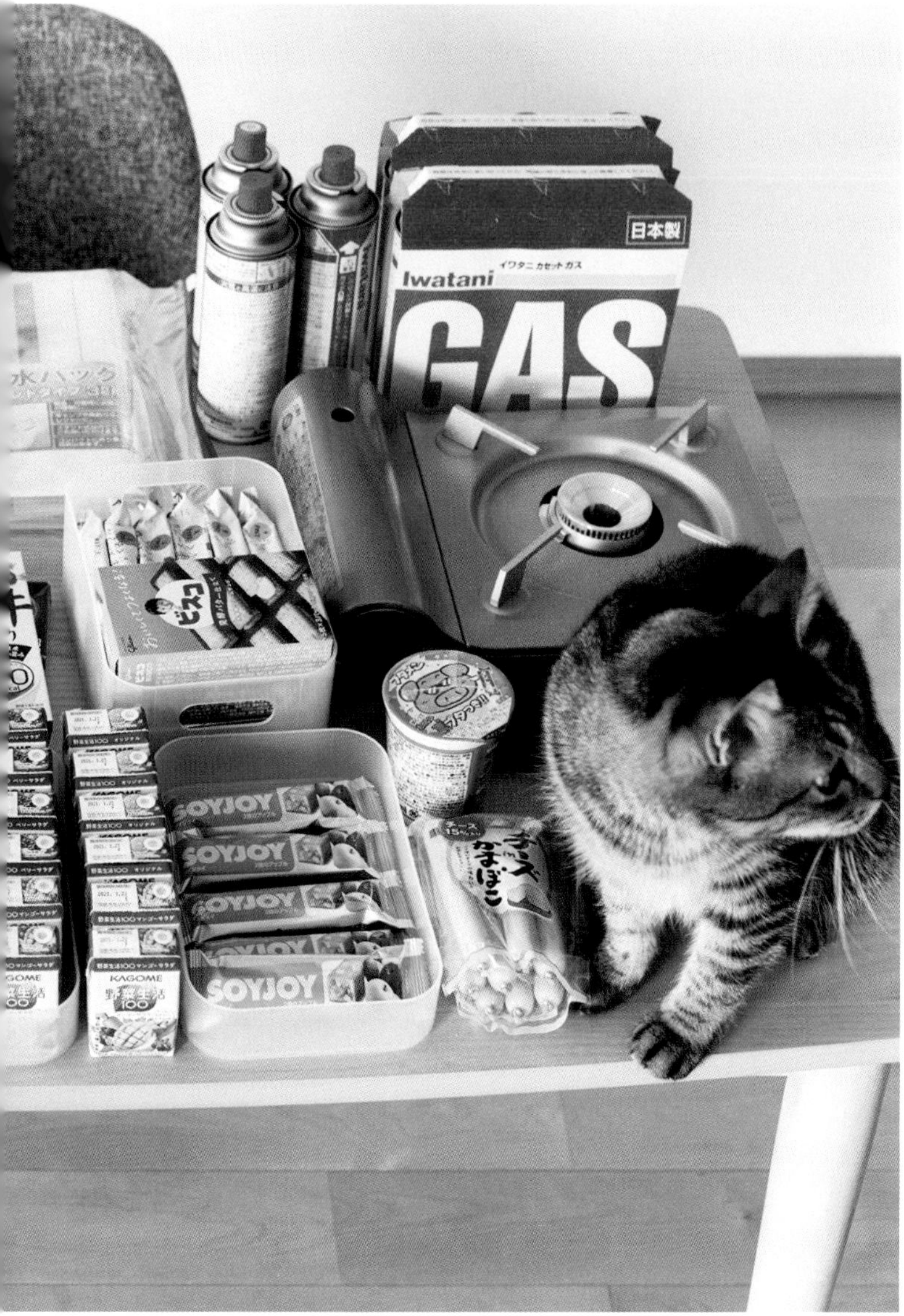
日本製
イワタニ カセットガス
Iwatani
GAS
SOYJOY
KAGOME
野菜生活100
チーズかまぼこ

10

防災は日常の中に

暮らしを守る2つの袋

私の防災袋は入れ子式になっています。大きなリュックを開けると、小さなトートバッグが現れます。

トートバッグが〝入院袋〟、それも含めたリュック全体が〝防災袋〟です。防災袋を揃えはじめた頃、ふと宿泊用のセットに似ていると感じました。これは突然の入院となった場合にも使い回せるのではと考えて、今のスタイルに。

トートの中はジッパー袋で大きく3つに分けています。

①着替え
②タオル
③衛生小物

どれも防災袋に入れていた物から選り分けたので、新たに調達する必要はありません。

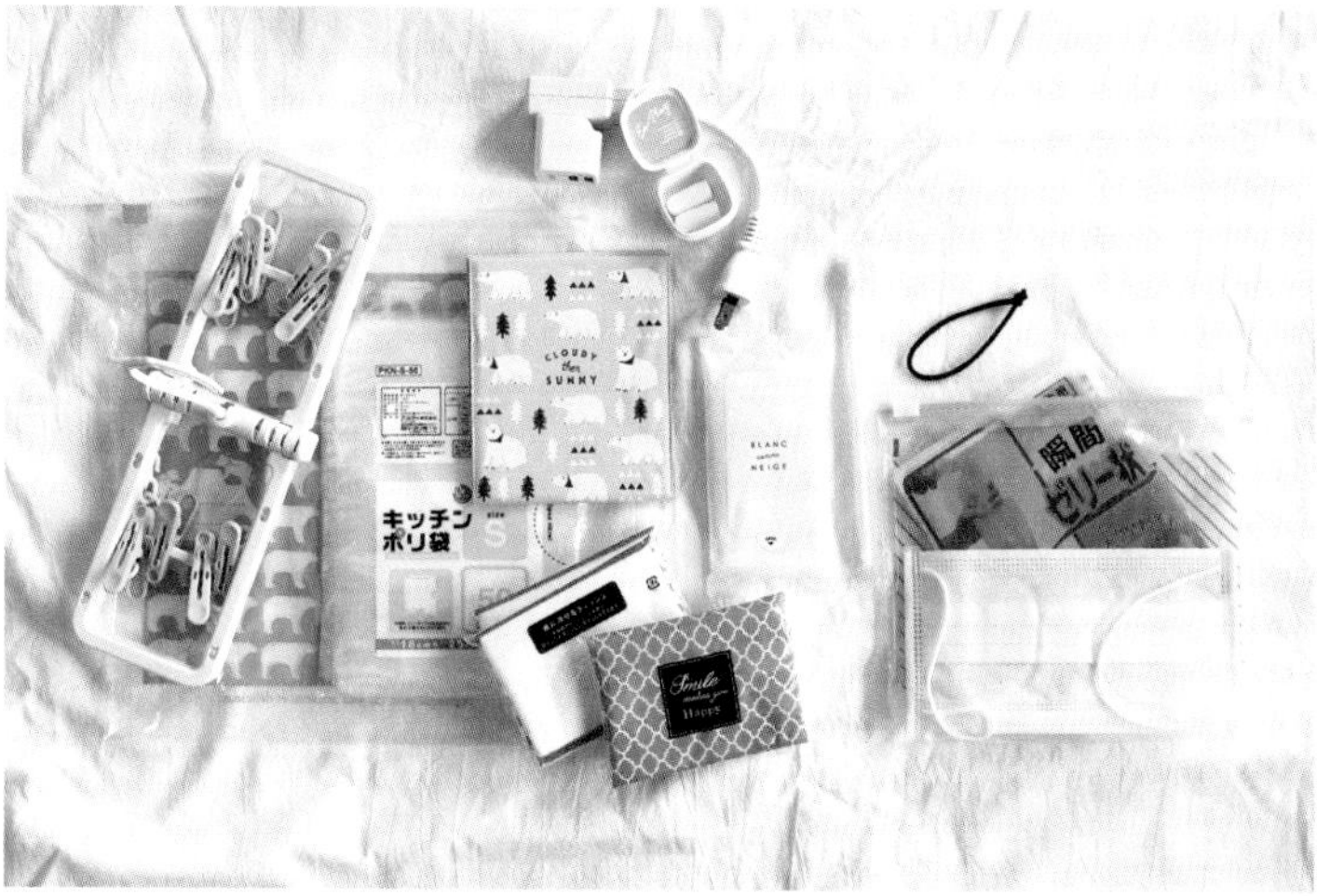

上／トートバッグは公益財団法人動物環境・福祉協会Evaのオリジナル商品。
下／衛生小物セットの中身。左からピンチハンガー、ポリ袋、延長ケーブル、USBアダプター、耳栓、鏡、ポケットティッシュ、ウェットティッシュ、歯ブラシ、ヘアゴム、使い捨てマスク、携帯トイレ、サニタリー用品。

万が一の事故や急病で入院となった際は、このトートに加えてパジャマと着替えを追加する形です。もちろんその準備用のエコバッグも入れて。

衛生小物セットの内容は、災害避難時にも役立つ物たち。

他に足しておきたいのは予備のメガネとヘアブラシ・ヘアクリップ、長めの延長ケーブル、携帯ラジオとイヤホン。入院では管理する書類が多いこともあるようなので、ボールペンと書類ケースもあると良さそうです。

防災リュック側に残した物は、水、食料、食器、猫用のごはんなど。入院には必要なく、災害避難には必要な物です。

日常食が非常食

食品の備蓄もしています。長期保存食ではなく、ローリングストック法で日頃から手に取りやすい物を選びました。基準は、常温保存で6ヶ月以上の消費期限がある物。

・主食となるものは

インスタントのスープパスタ、同じく春雨スープ、おやつサイズの小さなカップ麺、無洗米、レトルト食品。

・補助食として

大豆バー、シリアルバー、野菜ジュース、ビスコ、小分けのゼリー、フィッシュソーセージ、塩飴、スポーツドリンクの粉末、ビタミン剤。

少しずつ消費して入れ替えることで、量と鮮度が常に一定となるローリングストック。

補助食は日頃のおやつや携行食に、主食類はお弁当代わりにしたり、簡単に済ませたい夕飯にと毎月数個ずつ消費しています。

この他に500mlミネラルウォーターを24本と、カセットコンロ、カセットガスは10本前後ストックしています。停電・断水時でもコンロを使ってお湯を沸かしたりポリ袋調理ができるように夏でも欠かすことなく準備しています。

お米はアルファ米やパックごはんではなく、耐熱ポリ袋を使った炊飯を想定しています。普段から2kg入りのお米を1袋と、ごはんにかけるレトルト食品、混ぜ込みふりかけをストックしています。

気持ちが明るくなる嗜好品としてお菓子のビスコも入れています。誰もが食べ慣れた味で個包装。「おいしくて、つよくなる」のメッセージも勇気づけられる気がします。

一人暮らしの防災費と点検

ローリングストックを活用しているのは、食品だけではありません。

一年通して備蓄している消耗品は、
カセットガス、乾電池、ポリ袋、マスク、ウェットティッシュ、ラップ、キッチンペーパー、カイロ、携帯トイレ50セット。

防災グッズは毎月の生活費とは別会計にしました。毎月2千円を予算として、ローリング消費で減った物を適宜購入します。生活費とは別に予算を組んでおくことで、節約の対象にすることなく前向きに購入することができます。

非常持出袋の点検は防災の日である毎年9月1日に取り組むのがベターですが、私は衣替えのタイミングで見直しと入れ替えを行っています。

防災グッズにも季節があります。冬なら毛布やアルミシート、夏なら冷感シートや虫よけ。全てを網羅してひとまとめにするとかえって邪魔になるため、防災グッズも衣替えをして、季節に合わせた万全な状態に整えています。

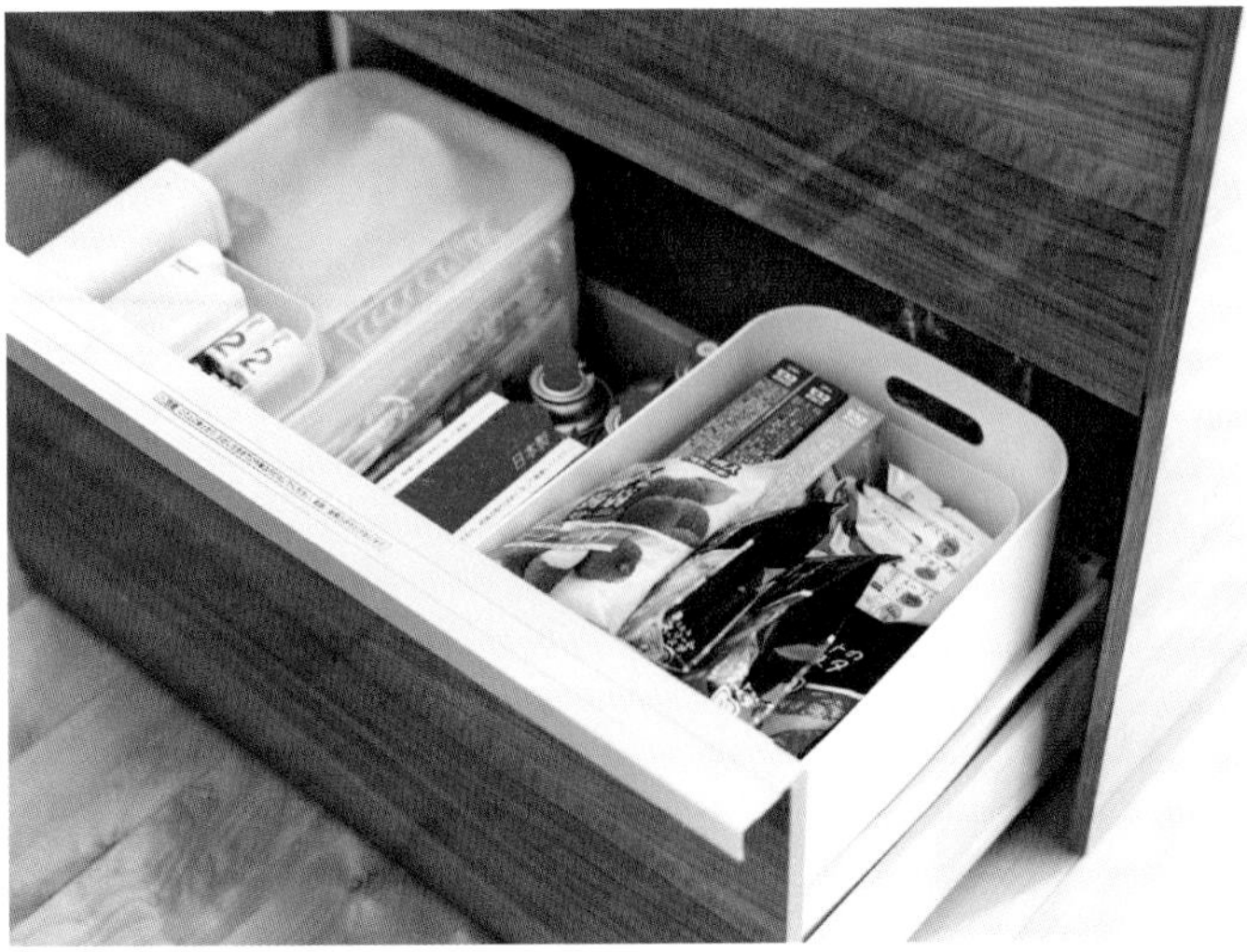

キッチンの一番下の引き出しをすべて防災用品の備蓄スペースに。

寒い季節が終わったら、備蓄スペースから使い捨てカイロを抜き取り、夏用のモバイル扇風機とボディシート、ボディミスト、冷感シート、虫よけを入れます。オフシーズンとなった物は、クローゼットで保管します。季節の衣類と一緒に管理すれば、入れ替えを忘れることがありません。

ミニマリズムや持ちすぎないことを意識して暮らしていますが、この備蓄スペースがいっぱいになっても「物が多いな」「減らさなきゃ」という感情は一切湧きません。あるのはただ一つ、**安心感**。自然の猛威に飲み込まれず生きるために、この引き出しにはたくさんの物を詰め込んでいます。

日常の明かり、非日常の明かり

部屋の中にはコンセント電源を必要としない照明がいくつかあります。日常的に使っているのは、タイマー機能つきのキャンドル風ライト。枕元に置いてあり、就寝時間に合わせて2時間だけゆらゆらと灯らせています。

毎日23時にベッドサイドで点灯する設定にして、24時までには天井の照明を消して横になり、薄明かりの中で愛猫を撫でながら眠りにつきます。このライトが点くことでそろそろ寝る時間だと知らせてくれるので、だらだらと過ごす夜ふかしが減りました。インテリアと実用性を叶えながら、夜中のトラブル時にもさっと灯せる安心感を兼ね備えています。

防災用の明かりといえば、手で持って前方を照らす懐中電灯。もし暗闇で避難や身を守る行動に迫られた時、明かりのために片手が塞がる状況が心配でした。

そこで防災リュックと一緒にネックライトを置いています。首から下げられるので両手フリーで、手元はもちろん自分の周囲1m程度が視認できる明るさです。宅配のドライバーさんが使っているのを見て気に入りました。普段から夜間に歩いて出かける時に活躍しています。コンビニや郵便ポストなどちょっとした用事に、防犯として。念には念を入れて職場デスクにも同じものを置いています。大規模停電の中で徒歩帰宅、明かりがあるだけで少しは不安が和らぎそうです。電池の予備も忘れずに。

もう1つ、ソーラー充電のライトも入れています。パネル以外がビニール製で、防水と折りたたみ機能を兼ねています。軽量なので、カラビナでベルトループに吊るすなど様々な使い方ができそうです。

電池は充電池エネループを使っています。付属のLEDライトのアダプターを充電器に差し込むだけでライトに早変わりするモデルを買いました。隙間掃除や引き出しの奥を確認したい時など、日常的に使っています。普段はエネループの充電器、非常時はモバイルバッテリー兼懐中電灯に。

防災グッズは使用シーンを具体的にイメージして製品を選びつつ、**日常の中にうまく溶け込ませることも大切にしています。**

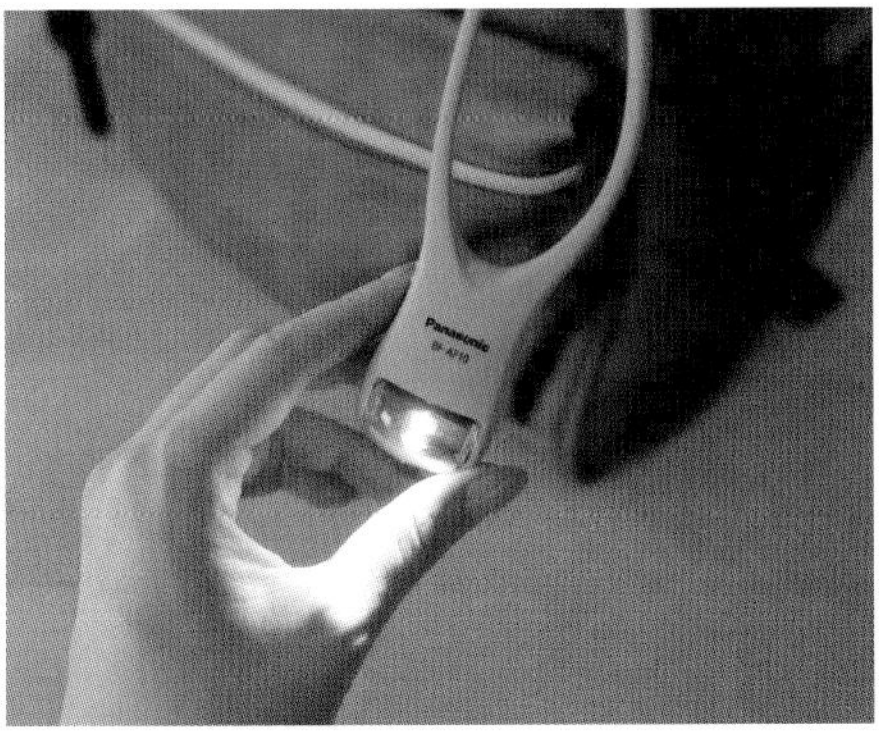

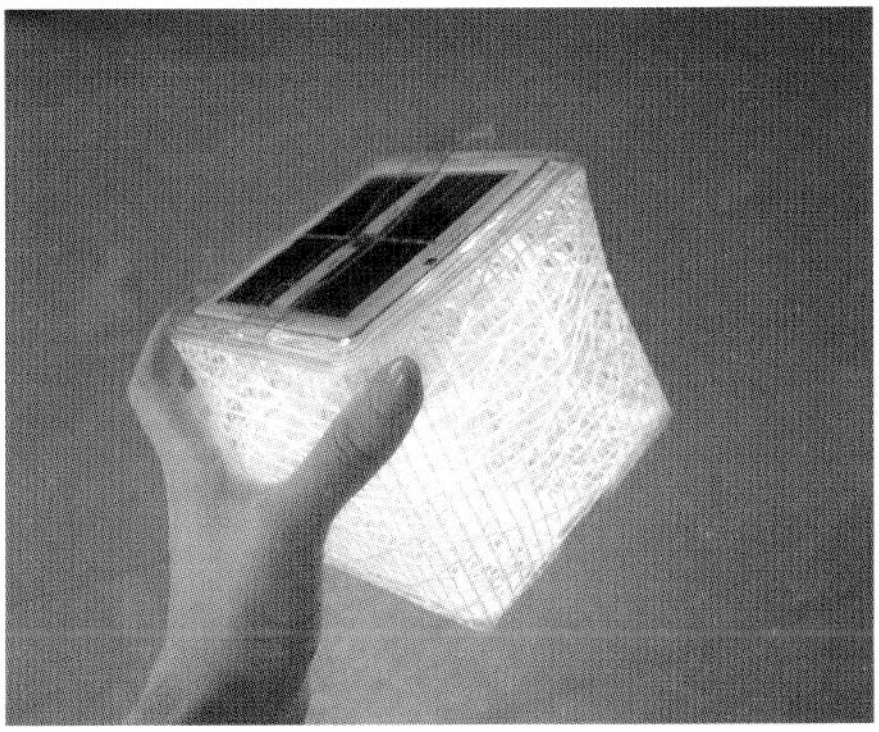

上／ネックライト（Panasonic LEDネックライトB F-AF10P）中／ソーラーライト（CARRY THE SUN Medium）下／充電器＋充電池セット（Panasonic K-KJ87MCC40L）

ペットと非常事態の備え

「終生飼養」という言葉があります。生き物を自分の管理下におくならば、その生涯が終わるまで面倒を見るのが飼い主の責任です。たとえそれが非常事態であっても変わりません。

飼い主が事故や急病で倒れたとき、自宅のペットが何日も放置されてしまうケースがあります。そういった危険を回避するために推奨されているのが「レスキューカード」。

カードに記載する主な項目は、

- 自宅にペットがいます
- 自分が倒れた場合は下記代理人に連絡してください

といった内容です。財布など身分証と一緒に携帯するのが効果的です。

私は自作したカードを財布に入れていますが、WEBでは無料配布されているテンプレートがたくさんあります。スマートフォンの待ち受け画面にできるタイプもあるので、まだ持っていない方はぜひ探してみてください。

物に頼らない防災準備

災害に備えるのは物だけではありません。

日頃から片手鍋でご飯を炊いているのですが、断水を伴う非常時に備えて、洗い物・汚れ物が出ないポリ袋調理を会得《えとく》しました。ポリ袋の中でお米を30分浸水し、沸騰したお湯で30分湯煎すれば完成。熱い鍋肌に触れないように、底には小皿を敷きました。

1袋につき60gの白米で作ると、出来上がりはおにぎり1つ分ほど。ふりかけ等を混ぜてほぐし再び袋の口を締めれば、一時保管や携行食にも対応。まとめて数食分調理ができて、鍋を一切汚さず、水・ガス・ゴミが少量で済みます。

湯煎に使う水と食品部分が完全に分かれているので、味付けや加熱時間の違うメニューの同時調理も可能です。例えば、ふつうの白米ごはん、おかゆ、ゆで卵、茹で野菜などを1つの鍋で同時に。

課題があるとすれば、私が参考にしたレシピは米と水の分量が重量を基準にしていたこと。〝はかり〟がない環境では計量が難しいため、カップで計量して体積での目安を記憶しておいた方が実用性が高そうです。災害対策は予行演習がとても重要だと思い知らされます。

ミニマリズムを意識する中で、私の軸になりつつあること。それは己の知識や技術は物質に勝るという考えです。

多機能なハンドソープを持つと、それに慢心して正しい手洗いを怠ったり、そもそも正しい手順を知らないまま時がすぎます。

一方考え抜いたうえでシンプルな石鹸を選択すると、「正しい手洗い」に対する知識が身につき、過剰に不安を抱くことなく、身体だけでなく精神的な衛生も保つことができます。十分な知識があれば、シンプルな石鹸を選ぶことに何ら躊躇は生まれません。感染症対策として正しい手洗い方法が拡散されていく中、あの時の私の判断は間違っていなかったのだと身にしみて感じました。

ポリ袋炊飯も同じ。物流やライフラインが途絶えても、手元にある物に知識と技術を足すことで乗り越えられる場面はたくさんあるはずです。

知識と技術だけで解決しない事柄に対しては、積極的に準備・備蓄を選択しています。食材調理や加温器具としてのカセットコンロ、断水に備えたＰＥＴ飲料水や給水バッグ、乾電池やソーラー式の照明器具、ペット同行避難のための簡易テントなど多岐にわたります。これは日本に住まう限り、切り離せないことです。

そして万が一非常事態に見舞われたとき、**大切なのはまず第一に「自助」であるということ。**自らを守り、自分がおかれた環境で最大限努力する。マスクが売っていないのであれば作る、これも自助です。次に「共助」。周りの人と共に助け合う。それでもままならない部分には「公助」を待ちます。

「共助」は助け合いです。誰かが一方的に助けを乞うのではないということ。私のように現役世代で健康な者は、与えられる側ではなく進んで手を差し伸べる側であることを忘れてはいけません。

誰かに依存することを前提とした生活やミニマリズムには陥りたくない。自分ひとりを満足に維持できる状態こそ、「ミニマル」にふさわしいと感じます。

あとがきにかえて――「ひっそり暮らす」とは

スマホ1つで世界中とつながることができる時代。激しい流れの中でもがき続ける生活を脱するために、ひっそりとした生き方を模索するようになりました。

それは孤独や利己的なものではなく、他人と自分、社会と自分の心地よい距離感を保って暮らすこと＝自立だと思っています。

金銭面での自立は、自分の収支を把握することに始まりました。何にどれだけお金を使ってきたかを調べ、その使い方に自分が納得しているのか1つ1つ向き合いました。多くの出費が不必要だったと気づくと、無理のない資金計画と理想のライフプランを描くことができました。理想を身近に感じることで、より一層浪費は減りました。

気持ちの面での自立はあらゆることに影響しました。平均値に寄せた選択や他人との比較をやめる。人生はみんな違うからこそ楽しいのだと考えるようになりました。また心配に思うことはすぐに対処する。根拠や仕組みを知れば多くの不安は解消できました。自分を安心させられるのは自分だけ。私の場合、心配事や経済的不安を取り除くと生きがいが見つかりました。

精神力を鍛えるには物との関係性を見直すことも重要でした。動物福祉の分野にエネルギーを注げている今、とても幸せを感じます。知識や技術を身につけ、物に依存しない自分を育てること。そして自分の快適さだけでなく、遠くの人や自然環境にも目を向けて選ぶこと。予想できる範囲の災害には、十分な備えを常に続けること。

・経済的な自立　①現状の精査　②ライフプランニング　③満足度の高い支出
・精神面の自立　①他人との線引き　②不安の解消　③好きを見つける
・物からの自立　①知識でのカバー　②環境への配慮　③非常時の備え

それぞれが影響し高めあい、暮らしの流れを穏やかに変えてくれました。

シンプルで、素朴で、前向き。そんな「ひっそり暮らし」を続けています。

なち

平成生まれの女性会社員。ファイナンシャルプランナーと宅建士の資格を活かして20代で分譲マンションを購入し、ひっそりと生活中。年収300万円台にして年間100万円の貯金を目標にしつつ、猫と熱帯魚を飼育、自動車も所有するなど贅沢に暮らしています。家でペットが待っていてくれるので、ヒトは1人でもにぎやかで楽しい毎日です。

[ブログ] ひっそり暮らし　https://www.hiso-kura.com/

Staff Credit

撮影　林ひろし
p10-11 / 33 / 39 / 40-41 / 46-47 / 49 / 51 / 57 / 65 / 77 / 89 / 96-97 / 103 / 105 / 107 / 128-129 / 131 / 145 / 146-147 / 149 / 160-161 / 167 / 171 / 175 / 195 / 204-205 / 214 / 222-223 / 230

上記以外写真　著者提供
ブックデザイン　albireo
校正　大川真由美

ひっそり暮《ぐ》らし

2021年3月 1 日　第1刷発行
2021年4月25日　第4刷発行

著者　なち
発行者　佐藤 靖
発行所　大《だい》和《わ》書房
東京都文京区関口1-33-4
電話03-3203-4511
印刷　歩プロセス
製本　ナショナル製本

ISBN978-4-479-78530-9
乱丁・落丁本はお取替えします
http://www.daiwashobo.co.jp
※本書に記載されている情報は2021年1月時点のものです。